모든 직장에
적용되는
기적의
NCS 활용법

모든 직장에 적용되는
기적의 NCS 활용법

오늘부터 당신이 꿈꾸는 직장을 만나다

초 판 1쇄 2025년 02월 21일

지은이 포워커(박상현)
펴낸이 류종렬

펴낸곳 미다스북스
본부장 임종익
편집장 이다경, 김가영
디자인 윤가희, 임인영
책임진행 안채원, 이예나, 김요섭, 김은진, 장민주

등록 2001년 3월 21일 제2001-000040호
주소 서울시 마포구 양화로 133 서교타워 711호
전화 02) 322-7802~3
팩스 02) 6007-1845
블로그 http://blog.naver.com/midasbooks
전자주소 midasbooks@hanmail.net
페이스북 https://www.facebook.com/midasbooks425
인스타그램 https://www.instagram.com/midasbooks

ⓒ 포워커(박상현), 미다스북스 2025, *Printed in Korea*.

ISBN 979-11-7355-091-1 03190

값 18,500원

▲ 미다색스는 다음세대에게 필요한 지혜와 교양을 생각합니다.

모든 직장에 적용되는

오늘부터 당신이 꿈꾸는 직장을 만나다

기적의 NCS 활용법

포워커(박상현) 지음

미다스북스

평생직장을 고민하는 이들을 위한
체크리스트 10

1. 내가 어떤 일을 좋아하는지 모르겠다. ☐

2. 내가 직장에서 무엇을 얻고 싶은지 모르겠다. ☐

3. 직장이 어떤 사람을 원하는지 궁금하다. ☐

4. NCS가 왜 중요한지 모르겠다. ☐

5. 대기업에서 일하는 삶이 궁금하다. ☐

6. 공공기관에서 일하는 삶이 궁금하다. ☐

7. 다른 업종(직무)에 대해서 알고 싶다. ☐

8. 다른 직장인의 고민이 궁금하다. ☐

9. 이직 고민이 반복된다. ☐

10. 지금의 직장을 떠나고 싶다(혹은 지키고 싶다). ☐

직장, 이제는 고민을 멈출 때다

"모두가 삼성이 가장 힘들다고 하잖아. 그러니까 한번 도전해 봐야지 않겠어?"

망령될 망(妄), 말씀 언(言). 문자 그대로 망언(妄言)이다. 오글거리고 부끄럽지만 실제로 내 입에서 나온 말이다.

형에게 저 말을 했던 날이 잊히지 않는다. 드라마 주인공이라도 된 양 당당하고 자신감이 넘치는 나였다. 나름대로 이유는 있었다. 그 당시 나는 취업 준비 첫해에 삼성그룹과 시중은행, 두 곳에 합격했고 선택을 앞두고 있었다.

 그렇게 시작했던 나의 직장생활은 어느덧 14년이 흘렀다. 그때의 망언이 빌미가 되었을까? 삼성에서는 그야말로 도전만 하고 나왔다. 삼성그룹에서 1년, SK그룹에서 4년, 그리고 지금의 공공기관까지. 총 3개의 직장, 2번의 이직을 경험했다.

 주변 친구들의 말로는 '취업 깡패'였지만 스스로에게는 안타까움의 연속이었다. 아무 곳에도 정착하지 못할 것 같아 불안했다. 새로운 직장으로 옮길 때마다 신입사원으로 입사해야 했고 경력은 이어지지 못했다. 허송세월만 늘어나는 것 같았다. 친구와 동기는 앞으로 나아가는데 나만 혼자 뒤로 가는 느낌을 받았다.

 그런데 이게 웬걸. 돌이켜보니 주변의 누구도 가지지 못한 특이한 경험치가 이미 쌓여있었다. 연수부터 시작하는 신입사원 생활을 3번이나 경험하니 직장과 직무에 따라 달라져 가는 삶을 피부로 느끼며 비교해 볼 수 있었다. 앞서간다고 생각했던 친구와 동기들의 고민을 상담해 주는 일이 많아졌고 나의 불안과 도전, 경험이 그들에게 큰 도움이 되었다.

 내가 근무한 직장의 급여, 업무, 사람, 근무 환경, 분위기 등은 모두 완전히 달랐다. 좁디좁은 대한민국, 뻔하디뻔한 사람들이 모여 있는 곳임에도 불구하고 직장 명함에 따라 이토록 많은 것이 달라질 줄은 상상하지 못했다.

　반면, 완전히 다른 직장임에도 불구하고 비슷한 점을 찾을 수 있었다. 특히 직무에서는 거의 차이가 없었다. 자신에게 맞는 직무를 찾고 이에 집중한 사람들은 직장의 문화를 뛰어넘어 승승장구했다. 하지만 그렇지 못한 사람들은 늘 지쳐 보였고 결국 떠나고 싶어 했다.

　나는 이 점에 조금 더 집중해 나만의 맞춤 직무를 찾는 로드맵을 만들고자 했다. 결코 쉽지 않은 일이라고 생각했다. 그런데 불행인지 다행인지 최고의 전문가 집단이 머리를 싸매 만든 로드맵이 이미 있었다. 그 이름은 NCS다.

　NCS는 직장과 직무를 효과적으로 구분할 수 있는 국가직무능력표준이다. NCS의 개념으로 내가 몸담았던 대기업과 공공기관의 차이를 명확하게 구분할 수 있었다. 내가 꿈꾸는 직장과 직무를 찾아갈 수 있도록 국가 차원에서 이미 길을 마련해 두고 있었던 것이다. 인사업무를 맡으면서 이러한 점이 더욱 선명하게 보였다. NCS에 대해 알면 알수록 그 매력과 효용을 깊이 깨닫게 되었고 점점 더 NCS를 찬양하게 되었다. 마침내, 이직을 포함한 십수 년의 직장생활과 NCS 분석은 훌륭하게 결합되었고 비로소 이 책이 탄생하게 되었다.

　1부에서는 첫 취업부터 현재의 직장까지, 변화 속에서 마주했던 고민과 선택의 과정이 이야기의 중심을 이룬다. 취업, 퇴사, 재취업의 과정이 NCS와 자연스럽게 연결되고 있음을 보여줄 것이다. 각 단락의 끝에 마련된 직업 기초능력 체크리스트를 통해 직장은 어떤 사람을 찾고 있는지, 내가 직장인으로서 만족스러운 삶을 찾아갈 수 있을지 스스로 점검할 수 있도록 구성했다.

2부는 NCS를 활용해 평생직장을 찾는 방법을 다룬다. NCS가 실제 직무와 직장 문화에 어떻게 적용되는지를 구체적으로 풀어보았다. 대기업과 공공기관의 급여, 업무, 제도, 사람을 비교하면서 정말 나에게 맞는 직장이 어떤 곳인지 고민해 볼 수 있도록 했다. 뜬구름 잡는 말 같고 개념적으로만 보였던 NCS의 용어들이 2부를 통해 더욱 현실적으로 다가올 것이다.

3부는 주요 직무별 자가 진단 도구이다. 스스로에게 질문을 던지는 것은 자신을 파악하는 데 매우 유용한 방법이다. 최근 관심이 높은 직무 위주로 자가 진단 도구를 담았다. 직무별 질문에 답해 나가면서 어떤 직무가 나에게 맞을지, 해당 직무에서 성공하기 위해 어떤 역량을 강화해야 할지 생각해 볼 수 있을 것이다.

4부에서는 찾아낸 평생직장을 지키기 위한 마음가짐을 다룬다. 1부부터 3부까지가 취업 전 단계라면 4부는 취업 후의 이야기이다. 직장인이라면 누구나 겪게 되는 고충을 에세이 형식으로 풀어보았다. 좋은 직장임에도 순간적인 불만을 참지 못하고 떠나가는 이들이 많다. 퇴사만이 답이라고 생각될 때 공감과 위로를 얻을 수 있을 것이다.

지금도 수많은 직장인은 밤잠을 설쳐가며 고민하고 있다. 나 역시 몇 주 전 그랬고, 아마 몇 주 안에 또 그럴 것이다.

'내가 이런 일까지 하면서 이곳에 있어야 해?'
'왜 나한테만 일을 줘. 내 옆에 놈 계속 노는 거 안 보여?'
'책임질 사람은 저 사람인데 왜 나를 추궁하지?'
'진짜 저 XX만 없으면 버틸 수 있을 텐데.'
'내가 생각했던 직장인의 삶은 이런 게 아니었는데.'
'여기는 나랑 맞지 않아. 살기 위해 옮겨야겠어.'

장담컨대, 이런 고민은 대기업이냐 공공기관이냐 혹은 내 직장이냐 네 직장이냐의 선택에서 해결할 수 없는 문제들이다. 한국의 직장인 이라면 누구나 한 번쯤 겪게 된다.

이직을 수백 번 해도 만나기 싫은 사람은 또 만나고 하기 싫은 일은 또 하게 된다. 옆 사람은 놀면서 승진하고 나는 일만 하다가 책임까지 떠안게 된다. 사실이 그렇지 않더라도 그렇게 느껴지게 된다. 나를 포함해 내가 아는 모든 직장인이 그렇다.

14년 차 직장인으로 자리를 잡은 지금. 나의 경험과 탐구가 고민에 빠진 취업준비생과 직장인들에게 '오답 노트'가 되기를 바라는 마음으로 이 책을 썼다. 취업 준비나 직장생활이 답답하고 막막할 때 도움이 되는 책을 만들고 싶었다. 이 책과 NCS를 통해 자신의 일을 진지하게 탐구해 보는 것만으로도 큰 힘을 얻게 될 것이다.

금융권을 포함한 사기업에 관심이 있다면 대기업 관련 내용을, 공무원을 포함한 공기업에 관심이 있다면 공공기관 관련 내용을 더 집중적으로 읽어보면 좋겠다. 선택의 갈림길에 선 취업준비생과 직장인들에게 이 책이 반드시 도움이 되리라 믿는다.

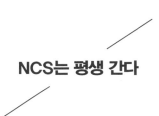

NCS는 평생 간다

이 책에는 NCS 용어들이 다수 등장한다. 원활하고 효과적인 진행을 위해 NCS에 대해 간략히 알아보자.

NCS(국가직무능력표준, National Competency Standards)는 산업현장의 직무를 수행하기 위해 필요한 능력(지식, 기술, 태도)을 국가적 차원에서 표준화한 것이다.

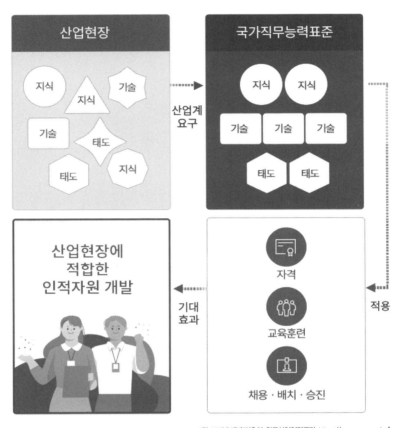

그림 1. NCS 개념도(출처: 한국산업인력공단, https://www.ncs.go.kr/)

　　위의 그림에서 확인할 수 있듯이 NCS는 산업현장에서 무분별하게 요구되어 왔던 지식, 기술, 태도 등을 표준화하여, 산업현장별로 필요한 역량을 갖춘 인재를 채용하고 교육함으로써 근로자와 회사 간의 불일치를 줄이고 생산성을 향상하기 위해 존재한다.

활용분야	내용	기대효과
채용	- NCS 직무기술서를 바탕으로 지원자의 역량을 평가할 수 있는 채용 프로세스 설계 및 도구 (채용공고/서류/필기/면접) 개발	- 직무능력 중심 인재채용 (기업·지원자 미스매칭 해소) - 입사 시 재교육비용 절감
재직자훈련 (교육)	- 직급별로 요구되는 직무 중심의 교육 훈련 이수 체계 마련	- 체계적인 교육·훈련시스템 마련 - 직무 맞춤교육으로 생산성 향상 - 근로자의 학습참여 촉진
배치·승진	- NCS 사내 경력개발경로 개발 - 배치·승진 체크리스트 개발	- 인재에 대한 회사의 기대와 근로자의 역량 간 불일치 해소
임금	- NCS를 기반으로 한 직무분석으로 연공급 중심의 임금체계를 '직무급' 구조로 전환	- 근로자의 직무역량과 능력에 따라 적정 임금 지급

표 1. 기업의 NCS 활용 장점(출처: 한국산업인력공단, https://www.ncs.go.kr/)

NCS를 활용함으로써 기업들은 직무 중심의 역량을 파악할 수 있는 채용, 배치, 승진 프로세스를 개발할 수 있다. 취업준비생은 기업들이 어떤 능력을 지닌 사람을 채용하고자 하는지 명확히 알 수 있으며, 이에 맞춰 직무 능력을 키울 수 있다.

이러한 장점을 바탕으로 현재 대부분의 공기업, 공공기관, 대기업, 금융업은 채용 시 NCS 기반 평가를 실시하고 배치 및 승진에서도 이를 활용하고 있다.

10개 영역	34개 하위영역
의사소통능력	문서이해능력, 문서작성능력, 경청능력, 의사표현능력, 기초외국어능력
자원관리능력	시간관리능력, 예산관리능력, 물적자원관리능력, 인적자원관리능력
문제해결능력	사고력, 문제처리능력
정보능력	컴퓨터활용능력, 정보처리능력
조직이해능력	국제감각, 조직체제이해능력, 경영이해능력, 업무이해능력
수리능력	기초연산능력, 기초통계능력, 도표분석능력, 도표작성능력
자기개발능력	자아인식능력, 자기관리능력, 경력개발능력
대인관계능력	팀웍능력, 리더십능력, 갈등관리능력, 협상능력, 고객서비스능력
기술능력	기술이해능력, 기술선택능력, 기술적용능력
직업윤리	근로윤리, 공동체윤리

표 2. 직업기초능력(출처: 한국산업인력공단, https://www.ncs.go.kr/)

NCS에서 직무능력은 크게 직업기초능력과 직무수행능력으로 구분된다. 직업기초능력은 직종이나 직위에 관계없이 모든 직업인에게 공통으로 요구되는 기본적인 능력과 자질을 뜻한다. NCS에서 직업기초능력은 위의 그림처럼 10개 영역으로 분류되며, 34개 하위영역으로 구분된다.

이 중에서 구체적인 업종과 직무별로 더 중시되는 능력을 구분할 수 있다. 예를 들어, 영업 직무에서는 의사소통능력과 대인관계능력이 중요하고 세무 직무에서는 수리능력과 정보능력이 더 요구된다.

실제 채용 시 진행되는 직업기초능력평가에서는 기업과 직종에 따라 요구하는 영역이 다르며, 취업 공고에 이 부분이 명시되어 있다. 현재 가고자 하는 직장이나 다니고 있는 직장의 채용 공고문을 찾아보면 그곳에서 중시하는 직업기초능력평가 항목이 무엇인지 확인할 수 있을 것이다.

대분류	중분류	소분류	세분류
24개	81개	273개	1,093개
01. 사업관리	1	2	5
02. 경영 · 회계 · 사무	4	11	29
03. 금융 · 보험	2	9	36
04. 교육 · 자연 · 사회과학	2	3	8
05. 법률 · 경찰 · 소방 · 교도 · 국방	2	4	16
06. 보건 · 의료	1	2	11
07. 사회복지 · 종교	3	6	17
08. 문화 · 예술 · 디자인 · 방송	3	9	61
09. 운전 · 운송	4	8	31
10. 영업판매	3	8	18
11. 경비 · 청소	2	2	4
12. 이용 · 숙박 · 여행 · 오락 · 스포츠	4	12	46
13. 음식서비스	1	3	12
14. 건설	8	29	135
15. 기계	11	36	141
16. 재료	2	10	48
17. 화학 · 바이오(구.화학)	5	18	53
18. 섬유 · 의복	3	8	26
19. 전기 · 전자	3	36	116
20. 정보통신	3	17	114
21. 식품가공	2	4	21
22. 인쇄 · 목재 · 가구 · 공예	2	4	23
23. 환경 · 에너지 · 안전	6	19	68
24. 농림어업	4	13	54

표 3. 국가직무능력표준 분류(출처: 한국산업인력공단, https://www.ncs.go.kr/)

직무수행능력은 해당 직무를 수행하는 데 필요한 역량(지식, 기술, 태도)을 말한다. 전공이나 업종을 세분화시켰다고 보면 된다. 취업 과정에서는 전공시험이나 논술, 상식시험 등으로 만나게 된다. 이때 말하는 직무는 위의 표와 같이 대분류 24개, 중분류 81개, 소분류 273개, 세분류 1,093개로 구분되어 있다. 이 분류는 고정된 것이 아니며 시대의 변화에 따라 조금씩 갱신된다. 최신의 기준은 NCS 사이트에서 확인할 수 있다.

처음 접하는 사람에게는 생소하게 느껴질 수 있지만 기업의 인사 담당자에게는 NCS 관련 용어들이 매우 익숙하다. 노동청, 통계청 등 정부 기관에서 요구하는 산업체 통계자료를 작성할 때 NCS를 활용한 인력통계를 자주 다룬다. 또한 NCS의 개념, 직업기초능력, 직무 분류는 인사 관리에 중요한 도구로 사용된다. 여러분이 직장에서 직무기술서를 작성한다면 이는 NCS에 따라 배치, 승진, 직무능력개발과 연결된다. 즉, 여러분이 필기시험 후 등한시했던 NCS는 실무에서 적극적으로 활용되고 있다. 직장인이라면 퇴사하는 그날까지 NCS에 관심을 가져야 한다.

1부에서는 직업기초능력을, 2부와 3부에서는 대기업과 공공기관을 비교하며 세부 NCS를 살펴볼 것이다. 이를 통해 여러분에게 맞는 NCS가 무엇인지, 나의 평생직장이 무엇인지를 파악할 수 있을 것이다.

꿈꾸는 직장을 위한 NCS 더하기

NCS 홈페이지
바로가기

이 책에 나오는 NCS 관련 모든 내용은 한국산업인력공단 국가직무능력표준원의 사이트(https://www.ncs.go.kr/)에서 확인할 수 있다.

NCS의 모든 개념과 활용법이 이곳에서 시작되기 때문에 수험생과 직장인 모두 반드시 사이트를 방문해 보기를 권한다. 직종이나 직무 구분 없이 NCS 필기시험 전이든 후든 무조건 도움을 받을 것이다.

※ 앞으로 나오는 체크리스트의 문항은 1~5점의 점수가 부여된다. 자신의 합산 점수를 문항 수로 나눈 값이 '3점' 이하에 해당하는 영역은 업무를 성공적으로 수행하는데 요구되는 능력이 부족한 것으로, 교육훈련이나 학습을 통한 능력개발이 필요하다는 뜻이다.

(예시)

평가 영 역	평 가 문 항	전혀 그렇지 않다.	그렇지 않은 편이다.	보통 이다.	다소 그런 편이다.	매우 그렇다.
기술능력	기본적인 직장생활에 필요한 기술의 원리 및 절차를 이해하는 능력을 기를 수 있다.	①	②	③	●	⑤
	기본적인 직장생활에 필요한 기술을 선택할 수 있다.	①	②	●	④	⑤
	기본적인 직장생활에 필요한 기술을 실제로 적용하고 결과를 확인할 수 있다.	①	●	③	④	⑤

영 역	문항 수	점 수	점수 ÷ 문항 수	진단결과
기술능력	3	9	3	능력개발 필요

목차

Chapter 1

NCS,
대기업과
공공기관의
뺨을 날리다

직장은 목표를 정해서 선택하는 곳이다.

어리바리하게, 낭창낭창하게 결정하지 마라!

나란 사람이 무엇을 잘하고

무엇을 중시하는지 집요하게 파고들자.

1.

첫 직장 선택은 나다움으로부터

"당신은 적극적인 사람인가?"

아니라고 답하거나 조금이라도 고민하고 있다면 지금 글에 반드시 집중하라. 적어도 답안지에 답은 써야 할 것 아닌가?

나는 극도로 수동적인 아이였다. 스스로 선택하기보다는 주어진 대로 성장했다. 시키면 시킨 대로 움직였고 시키지 않으면 그저 가만히 있었다. 입력한 명령어대로 작동하는 로봇과 다를 바 없었다. 부모님이 원하는 수준의 대학에 갔고 담임선생님이 권하는 학과를 선택했다. 친구가 입대한 군대에 갔고 친구를 기다려 함께 복학했다. 주변에서 다들 준비하는 회계사 시험에 도전했고 취업하는 친구들을 보며 다시 취업으로 노선을 바꿨다. 그렇게 끌려가다 보니 26살이 되어있었다.

그 나이까지 큰 문제는 없었다. 먹고 사는 고민도 미래에 대한 고민도 깊게 하지 않았다. 그저 흘러가는 대로 살았다. 성공하는 사람과는 거리가 먼 사고방식이었다. 그러나 취업 전선에 뛰어들고 수많은 직장을 마주하게 되면서 이전까지의 삶과는 달리 무언가 스스로 해내야 한다는 것을 느꼈다. 내 의지로 선택해야 했고 성과를 내야 했다.

부랴부랴 준비한 결과 한 해가 가기 전 두 군데의 합격 통지서를 받을 수 있었다. 삼성생명과 신한은행이었다. 두 곳 모두 금융회사였고 급여가 높았으며 채용 과정도 쉽지 않았다. 삼성생명의 경우 SSAT(현재는 GSAT)를 치르고 두 번의 면접을 봤다. 신한은행도 인·적성검사를 보고 두 번의 면접을 봤다. 합격자 확인을 위해 주민등록번호와 이름을 입력하면서 떨었던 기억이 생생하다. 그리고 합격의 쾌감에 밤잠을 설친 기억도 난다. 그때부터 어느 곳으로 가야 좋을지 상담 반, 자랑 반 이곳저곳에 물어보면서 다녔다.

"내가 보기엔 그냥 둘 다 비슷비슷한데? 그런데 너한테 맞을지는

잘 모르겠다."

좋은 학벌에 로스쿨까지 합격한 군대 고참 형은 시큰둥한 반응을 보였다. 그땐 괜히 시기한다고 생각했었다. 그런데 지금 와서 돌아보니 정곡을 찌른 말이었다. 직장 이름을 따지기 전에 '나에게 맞는지'를 반드시 생각해 봤어야 했다. 그때의 나는 전혀 그러지 않았다.

두 곳 모두 보수는 높은 편이었지만 그만큼 업무 강도가 높았다. 특히 영업을 기반으로 한다는 점에서 소극적인 내 성격과는 전혀 어울리지 않았다. 시간이 지나며 불안감이 커졌음에도 다른 직장에 대해 알아보지 않았고, 원서도 추가로 제출하지 않았다. 서류나 면접을 통과했다는 연락을 받아도 참가하지 않았다. 그때의 나는 두 군데 중 하나를 선택해야 한다는 생각에 함몰되어 있었다.

그렇게 고민을 이어가던 중, 나는 결국 삼성생명으로 결정했다. 영업은 간접적으로 하고 돈은 조금 더 많이 주는 삼성생명을 선택했다고 말하고 다녔다. 하지만 진실은 그게 아니었다. 신한은행 연수가 먼저여서 준비 중이었는데, 그냥 갑자기 가기가 싫어졌었다. 그게 이유의 전부였다.

그때의 마음은 아직도 잘 이해가 가지 않는다. 수동적인 성격이 사고를 친 것인지 잠재의식 속의 내가 이미 결정을 한 것인지 연수 전날

짐을 싸다 말았다. 그러고는 연수 둘째 날 후회되는 마음에 신한은행에 연락했고 지금이라도 연수에 참가하면 안 되냐는 어처구니없는 질문을 했다. 그 전화를 받은 직원의 어이없어하는 반응은 지금도 생생하게 기억난다.

그때까지는 그저 철없는 아이의 마음이었던 것 같다. 선택에 대해 깊이 생각하지 않는 철부지. 그렇게 첫 직장이 정해졌다. 많은 이들이 중요성을 강조하는 바로 그 첫 직장이 정해진 것이다.

그때의 나를 만날 수 있다면 귀에 피가 나도록 말해주고 싶다. **직장은 어쩔 수 없이 가는 곳이 아니라 목표를 정해서 가는 곳이다!** 일의 재미와 적성, 연애와 결혼, 재테크와 은퇴 등 앞으로 펼쳐질 너의 삶 전반에 영향을 미치는 중요한 선택의 순간이다. 어리바리하게, 낭창낭창하게 결정하지 마라!

그 후 며칠이 지났을 때 수동적으로 임했던 나의 사고방식에 안타까움이 몰려왔다. 내가 어떤 사람인지, 내 삶의 방향성이 무엇인지, 선택한 직장에서 나의 모습이 어떨지 생각도 해보지 못했는데 세상은 답안지를 걷어갔다. 망치로 뒤통수를 세게 맞은 그 순간 수동적인 아이는 사라지고 능동적인 청년이 태어났다.

꿈꾸는 직장을 위한 NCS 더하기

첫 직장이 중요하다는 말을 많이 한다. 커리어나 연봉, 인적 네트워크 등 실리적인 이유도 많이 찾아볼 수 있다. 그러나 첫 직장의 의미는 심리적인 부분이 더 크다.

첫 직장은 직장인의 삶을 지속할 수 있는가를 처음으로 느끼게 되는 곳이다. 새롭고 놀라운 첫 경험은 오랜 기간 혹은 평생토록 기억에 남아 영향을 준다. 직장이란 곳이 나에게 도움을 주고 나도 여기서 성장할 수 있을지를 판단하게 된다.

만약 자신과 정반대 성향의 직장을 첫 직장으로 선택한다면 직장과 직장인에 대한 혐오감이 생길 수도 있다. 다른 곳으로 이직하더라도 이 부정적인 인상은 계속 따라온다. 능력이 좋지만 끝내 자신에게 맞는 직장을 찾지 못하고 낙오하는 경우도 많이 봤다.

이토록 중요한 첫 직장 선택에 NCS를 이용하길 바란다. NCS는 직장 내 직무 수행을 위한 능력을 국가적 차원에서 표준화한 것이다. 세상의 모든 직장과 직무는 NCS로 설명할 수 있다.

내가 선택하려는 직장이 중시하는 직업기초능력이 무엇인지 확인해 보자. NCS 세분류와 필요한 직무 능력은 무엇인지, 경력개발단계는 어떻게 될 것인지 알아보자. 그리고 나의 성향과 장기적인 목표에 적합한지 생각해 보자. 지금이 취업에서 가장 중요한 단계이다.

NCS 직업기초능력 1. 자기개발능력

자기개발능력은 직업인으로서 자신의 능력과 적성, 특성 등을 이해하고 목표 성취를 위해 스스로를 관리하여 개발해 나가는 능력을 말한다.

※ 하위능력 및 세부요소
- 자아인식능력: 자기이해, 자신의 능력 표현, 자신의 능력발휘 방법 인식
- 자기관리능력: 개인의 목표 정립(동기화), 자기통제, 자기관리 규칙의 주도적 실천
- 경력개발능력: 삶과 직업세계에 대한 이해, 경력개발 계획 수립, 경력전략의 개발 및 실행

※ 체크리스트

평가영역	평가문항	전혀 그렇지 않다.	그렇지 않은 편이다.	보통 이다.	다소 그런 편이다.	매우 그렇다.
자기개발능력	직장생활에서 직업인으로서 자신의 역할과 목표를 정립하고 이를 위하여 자신의 행동과 업무 수행을 관리하고 통제할 수 있다.	①	②	③	④	⑤
	직업인으로서 자신의 경력단계를 이해하고 이에 적절한 경력개발 계획을 수립할 수 있다.	①	②	③	④	⑤

NCS 직업기초능력 2. 기술능력

기술능력은 업무를 수행함에 있어 도구, 장치 등을 포함하여 필요한 기술에는 어떠한 것들이 있는지 이해하고 실제로 업무를 수행함에 있어 적절한 기술을 선택하여 적용하는 능력이다.

※ 하위능력 및 세부요소
– 기술이해능력: 기술의 원리와 절차 이해, 기술 활용 결과 예측, 활용 가능한 자원 및 여건 이해
– 기술선택능력: 기술 비교, 검토, 최적의 기술 선택
– 기술적용능력: 기술의 효과적 활용, 기술 적용 결과 평가, 기술 유지와 조정

※ 체크리스트

평가영역	평가문항	전혀 그렇지 않다.	그렇지 않은 편이다.	보통 이다.	다소 그런 편이다.	매우 그렇다.
기술능력	기본적인 직장생활에 필요한 기술의 원리 및 절차를 이해하는 능력을 기를 수 있다.	①	②	③	④	⑤
	기본적인 직장생활에 필요한 기술을 선택할 수 있다.	①	②	③	④	⑤
	기본적인 직장생활에 필요한 기술을 실제로 적용하고 결과를 확인할 수 있다.	①	②	③	④	⑤

2.

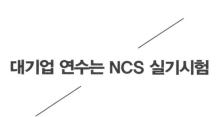

대기업 연수는 NCS 실기시험

"신랑은 세계 초일류 기업, 삼성전자에 다니고 있습니다!"

사회자의 한마디에 결혼식장은 환호성으로 가득 찼다. 축하와 부러움이 섞인 시선 속에서 당당히 입장하던 내 친구의 표정이 아직도 생생하다. '삼성맨'이라는 자부심은 신입사원 연수 때부터 철저하게 주입된다.

'PRIDE IN SAMSUNG.' 삼성그룹 신입사원 연수는 이 한 문구로 요약할 수 있다. 연수의 대부분은 삼성에 대한 자긍심을 고취하도록 치밀하게 설계되어 있다. 삼성은 그럴 만한 자격이 있는 거대하고도 우수한 기업이다.

삼성그룹의 채용 규모는 국내 최대 수준이다. 내가 입사했던 삼성 공채 52기 신입사원만 해도 수천 명에 달했고 연수원은 전국에 수십 곳이 운영되고 있었다. 4주간 진행된 연수는 이른 아침부터 늦은 밤까지 빡빡한 일정으로 채워졌다. 오전과 오후에는 삼성의 역사와 가치, 그룹의 구조 및 계열사별 역할, 직무에 대해 학습했다. 저녁에는 팀별 과제를 수행했는데 당일 해결해야 하는 과제가 있는가 하면, 며칠에 걸쳐 진행해야 하는 프로젝트도 있었다. 몇몇 과제는 지금도 또렷이 기억에 남아 있다.

- **삼성의 역사를 표현할 수 있는 연극 연출**
- **모의 주식 수익 대결**
- **상품 판매를 위한 PPT 발표**
- **조형물 만들기(높이 쌓기, 멀리 날리기 등)**
- **단체로 재밌는 포즈나 마임 만들기**

이외에도 수많은 과제가 이어졌다. 춤을 추고 시험을 치르는 등 한 달여간 쉴 틈 없이 바쁘게 지냈다. 몸과 마음이 지쳐갈 때쯤에서야 연수가 끝났는데, 신기하게도 그 무렵에는 이미 '삼성맨'이라는 자부심이 내 안에 깊이 자리 잡고 있었다.

연수의 마지막 일정은 삼성 인력개발원에서 진행된 뒤풀이 행사였다. 그곳에는 'PRIDE IN SAMSUNG'이라는 문구가 적힌 대형 구조물이 있었다. 모든 연수생이 이곳에서 기념사진을 찍으며 'PRIDE IN SAMSUNG'을 외쳤다. 10년이 넘는 시간이 지난 지금도 가슴 벅찼던 그 순간이 떠오른다. 과연 삼성이 만들면 교육도 다르다는 생각이 든다.

그러나 또 다른 의미로도 삼성은 역시 달랐다. **사실 이 모든 과정에는 수많은 평가가 숨어있었다.** 연수가 체력적, 심리적으로 힘든 만큼 시간이 지날수록 열심히 하는 사람과 대충 하는 사람, 잘하는 사람과 부족한 사람이 명확히 드러났다. 신입사원인 나조차도 이러한 차이를 쉽게 구별할 수 있었으니 평가자의 눈에는 더욱 뚜렷하게 보였을 것이다. 연수를 진행하는 수많은 관계자는 우리를 끊임없이 관찰하고 평가했다. 이러한 환경 속에서 신입사원으로서 우리는 무엇을 조심해야 할까?

먼저, 교육 시간 지키기다. 연수 과정에서는 새벽까지 과제를 수행해야 하는 경우가 많다. 하지만 다음날 교육이 이른 아침에 시작된다면? 아무리 피곤하더라도 시간에 맞춰 교육에 참가해야 한다. 지각하는 동기들이 의외로 많았는데 시간 약속을 지키는 것은 직장인의 가장 기본적인 덕목이다.

두 번째는 적극적으로 참여하기다. 여기서 말하는 참여는 리더가 되어 성과를 내라는 뜻이 아니다. 적극적인 태도를 보이는 것만으로도 충분하다. 팀플레이가 중시되는 활동임에도 거의 참여하지 않는 동기들이 많았다. 높은 역량을 가지고 있더라도 나서지 않는다면 아무런 도움이 되지 않는다. 직장생활에서 팀워크의 중요성은 아무리 강조해도 지나치지 않다.

세 번째는 싸우지 않기다. 연수 기간 예상치 못한 다툼이 발생했다. 교육 중에도 갈등이 발생한다면 실제 업무 현장에서는 얼마나 더 많은 충돌이 있을지 짐작하기 어렵다. 토론과 토의에는 적극적으로 참여하되 감정적인 충돌로 이어지지 않도록 주의해야 한다. 절대로 싸워서는 안 된다.

결국 이 모든 과정은 직원들을 더 효율적으로 활용하기 위한 삼성의 치밀한 전략이다. 연수를 통해 빠른 판단과 신속한 실행, 지시된 일을 주도적으로 수행하는 직원들이 양성된다. 이제 막 입사한 신입사원들에게도 삼성은 결코 쉴 틈을 허락하지 않는다. 그러나 신기하게도 피로와 불만보다는 한번 해보자는 도전 의식이 자연스럽게 자리 잡는다.

연수 과정에서 배우고 느낀 성취감, 자긍심, 그리고 업무 열정은 실제 업무에서 큰 자산이 된다. 이러한 경험들은 단순히 삼성에서의 근무에 국한되지 않는다. 이후 다른 직장으로 이직하거나, 심지어 사업을 시작하더라도 강력한 경쟁력으로 작용할 것이다.

초일류 기업 삼성은 직장인이라면 누구라도 자긍심을 가질 만큼 좋은 기업이다. 주는 급여보다 더 뽑아먹는 곳이라고 악명 높지만 수십 년간 우리나라를 대표하는 최고의 직장으로 자리매김해 왔다. 삼성을 선택한다면 그 자부심(PRIDE)을 느낄 수 있을 것이다.

꿈꾸는 직장을 위한 NCS 더하기

위에서 언급한 과제와 평가 요소들은 NCS의 직업기초능력 항목과 정확하게 일치한다. 필기시험으로만 접했던 NCS를 실기시험 형태로 경험한다고 생각하면 된다. 예를 들어 '삼성의 역사를 표현할 수 있는 연극 연출과제'에서는 조직이해능력과 대인관계능력을, '상품 판매를 위한 PPT 발표과제'에서는 문제해결능력과 의사소통능력을, '모의 주식 수익 대결과제'에서는 수리능력과 정보능력을 확인할 수 있다.

따라서 연수나 교육을 받을 때 단순히 과정으로만 받아들이지 말고 이 프로그램이 왜 필요한지, 어떤 능력을 함양시켜 줄지를 고민하며 임한다면 더욱 의미 있고 재미있는 시간이 될 것이다.

NCS 직업기초능력 3. 문제해결능력

업무를 수행함에 있어 문제 상황이 발생하였을 경우, 창조적이고 논리적인 사고를 통하여 이를 올바르게 인식하고 적절히 해결하는 능력이다.

※ 하위능력 및 세부요소
– 사고력: 창의적 사고, 논리적 사고, 비판적 사고
– 문제처리능력: 문제 인식, 대안 선택, 대안 적용, 대안 평가

※ 체크리스트

평가영역	평가문항	전혀 그렇지 않다.	그렇지 않은 편이다.	보통 이다.	다소 그런 편이다.	매우 그렇다.
문제해결능력	직장생활에서 발생한 문제를 해결하기 위해서 창의적, 논리적, 비판적으로 생각할 수 있다.	①	②	③	④	⑤
	직장생활에서 발생한 문제를 올바르게 인식하고 적절한 해결책을 적용하여 해결할 수 있다.	①	②	③	④	⑤

NCS 직업기초능력 4. 수리능력

수리능력은 업무를 수행함에 있어 사칙연산, 통계, 확률의 의미를 정확하게 이해하고 이를 업무에 적용하는 능력이다.

※ 하위능력 및 세부요소
– 기초연산능력: 연산 방법 선택, 연산 수행, 연산 결과와 방법에 대한 평가
– 기초통계능력: 통계 기법 선택, 연산 수행, 통계 결과와 기법에 대한 평가
– 도표분석능력: 도표에서 제시된 정보 인식, 정보의 적절한 해석, 해석한 정보의 업무 적용
– 도표작성능력: 도표 제시방법 선택, 도표를 이용한 정보 제시, 제시 결과 평가

※ 체크리스트

평가영역	평가문항	전혀 그렇지 않다.	그렇지 않은 편이다.	보통 이다.	다소 그런 편이다.	매우 그렇다.
수리능력	직장생활에서 필요한 기초적인 사칙연산과 계산 방법을 이해하고 활용하는 능력을 기를 수 있다.	①	②	③	④	⑤
	직장생활에서 평균, 합계, 빈도와 같은 기초적인 통계기법을 활용하여 자료의 특성과 경향성을 파악하는 능력을 기를 수 있다.	①	②	③	④	⑤
	직장생활에서 도표(그림, 표, 그래프 등)의 의미를 파악하고 필요한 정보를 해석하는 능력을 기를 수 있다.	①	②	③	④	⑤
	직장생활에서 도표(그림, 표, 그래프 등)를 이용하여 결과를 효과적으로 제시하는 능력을 기를 수 있다.	①	②	③	④	⑤

3.

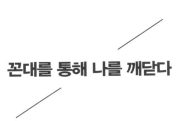

꼰대를 통해 나를 깨닫다

"여러분의 숙취 해소법은 무엇인가?"

얼큰한 국물? 숙취 해소 드링크? 잠? 많은 방법이 있지만 내 경험상 최고의 숙취 해소법은 링거를 맞는 것이다. 아니, 생사가 오가는 극심한 숙취에는 링거밖에 답이 없다.

돈을 많이 준다는 점이 제일 끌렸던 첫 직장. 삼성은 그런 내 기대보다도 더 많은 돈을 줬다. 성과급에 따라 바뀔 수 있지만 초봉 6천만 원이 넘었다. 10년도 더 전의 일이다. 어처구니없지만 지금의 내 연봉과 큰 차이가 없다. 10여 년간 물가 상승과 돈의 가치 하락을 감안하면 정말 엄청난 초봉이었다.

당시 삼성그룹의 급여는 기본급(월 급여, 명절 상여금)과 성과급(PI, PS)으로 이루어져 있었다. PI는 월 기본급의 100%, PS는 연봉의 50%가 상한이었다. 내가 다닌 삼성생명의 PI, PS는 그룹 내에서도 늘 상위권이었다. 매년 PI 100%, PS 3~40% 정도가 일반적이었다. 근무 부서 배치 후 연봉계약서에 서명할 때 본 내 기본급은 4천3백만 원이었다. PI는 두 번 지급되어 약 6백만 원, PS는 한 번 지급되어 약 1천2백만 원이었다. 합쳐 보면 6천1백만 원 정도가 된다.

사실 학생을 막 벗어난 그때의 내게 급여의 많고 적음은 크게 중요하지 않았다. (두 아이를 키우고 있는 지금의 나에게는 너무나도 중요한 문제이다.) 그것보다는 나에게 직장생활이 맞는지, 현재의 직장이 내 성향과 어울리는지가 중요했다. 물론 입사 전에 고민했다면 훨씬 더 좋았을 것이다. 과연 나는 직장인의 삶을 여기서 계속 영위할 수 있을까?

결론적으로, 난 직장인의 삶에 충분히 적응할 수 있었다. 나의 주 업무는 대리점 물품 공급 및 재고 관리였다. 보고서도 많았고 상대할 사람과 처리할 물건도 많았지만 잘 해낼 수 있었다. 성실하고 규칙적인 나의 생활 태도는 답답할 수 있는 직장생활을 어렵지 않게 만들어주었다. 통장에 모여 가는 돈들을 보며 의욕도 넘쳐흘렀다.

나는 깨달았다. **'나는 직장인에 적합한 사람이다.'**
하지만 불행하게도 더 강하게 드는 생각이 있었다. **'지금 다니는 이 직장일 필요는 없다.'**

처음이 중요하다는 말은 꼰대에게도 적용된다. 처음 마주친 꼰대는 초짜였던 나에게 너무나도 강력하게 다가왔다. 지금은 비슷한 수준의 사람을 여럿 기억해 낼 수 있지만 당시 내 짧은 경험으로는 세상에서 가장 불합리한 사람이었다. 삼성생명에는 이런 사람이 가득하다는 망상에 빠졌고, 이곳이 나와 정말 맞지 않는 곳이라는 생각으로 이어졌다.
같은 부서 선배였던 그는 5년 차였다. 열심히 일하고 업무성과도 좋은 사람이었다. 문자 그대로 '너 잘되라고 했던' 얘기였을 수 있다. 어쩌면 그의 시선에서는 내가 지금의 MZ세대처럼 보였을지도 모른다.

- 근무시간이 9시부터 6시까지지만, 7시 30분까지 출근하기
- 막내는 부서에서 가장 마지막에 퇴근하기
- 회식이 끝난 후에는 대리운전이나 택시를 불러 모두 귀가시킨 후 퇴근하기

대표적으로 생각나는 지적 사항들이다. 이 외에 군대식 말투(다나까) 사용을 요구하거나 무거운 물건은 모두 막내가 옮겨야 한다는 등 전반적으로 군대식 문화를 강요했다.

그로 인해 나는 신입사원 내내 오전 7시부터 밤 11시까지 회사에 있었다. 회식이 있는 날은 새벽 2시가 기본이었다. 늦게 퇴근하는 만큼 술은 더 많이 더 빨리 마셨고 다음 날은 더욱 힘들었다. 회식 다음 날 아무리 토를 해도 술이 깨지 않을 때가 있었다. 눈물 콧물 다 빼면서 위액만 나왔다. 하얗게 질린 얼굴에 어지럼증이 멈추질 않았다. 병원에 어떻게 갔는지도 모른 채 링거를 맞고서야 조금씩 정신이 돌아왔다. 그제야 눈물이 주르륵 흘렀다.

처음이라 그냥 했다. 원래 신입사원은 이런 생활을 하는 것이라고도 생각했다. 하지만 친구들의 직장생활은 나와 달라 보였다. 혼자 비교하며 스스로를 더욱 힘들게 만들었다. 보험업에 대한 사회적 인식도 부담이었다. 영업하려고 만나자는 게 아니라는 말을 상대방에게 자주 해야 했다. 직장을 말할 때면 자신감이 떨어졌다. **이곳에서의 10년 뒤, 20년 뒤 내 모습을 떠올려보았다.** 지점장으로서 영업의 한복판에서 수많은 사람을 만나고 이끌어가는 내 모습이 전혀 그려지지 않았다. 나는 그런 능력을 가진 사람이 아니었다. 내가 왜 좀 더 제대로 알아보지 않았을까. 직장을 잘못 선택했다는 생각이 점점 강해졌다. 결국 퇴사를 결심했다.

'업무 강도가 높지 않은 곳으로 가겠다!'
'회식이 많지 않은 곳으로 가겠다!'
'영업과 관계없는 곳으로 가겠다!'
'네임밸류가 떨어지지 않는 곳으로 가겠다!'

업무와 취업 준비를 동시에 하며 눈물도 몇 번 흘렸다. 그런 절박함 덕분일까? 다행히 한 해가 가기 전에 SK E&S에 합격했다. 그때는 위의 모든 조건에 부합하는 곳이라고 생각하며 환호했다.

하지만 이직을 두 번 하고 세 번째 직장에 있는 현재 나의 시선으로 돌아볼 때, 이때의 퇴사는 성급했다. 후회까지는 아니지만 아쉬움이 남는다. 이직을 준비하는 동안 가족을 포함한 그 누구에게도 말하지 않았다. 누군가와 조금이라도 얘기를 나눠봤다면? 조금만 천천히 생각해 봤다면 어떻게 되었을까? 그 당시 선택할 수 있었던 다양한 답안이 지금은 보인다. 그토록 빠르게 퇴사를 결정하기에 삼성생명은 너무 좋은 직장이었다.

꿈꾸는 직장을 위한 NCS 더하기

현재의 직장에 미련이 남은 채로 퇴사를 고민 중인 사람이라면, 계속 다니면서 개선 방법을 찾아보기 바란다. 직장 내 자문 창구도 있고 부서장에게 직접 말해도 된다. 업무나 부서는 얼마든지 옮길 수 있다. 노동자 보호에 대한 관심이 높아지면서 시스템적으로도 많이 발전했다.

'또라이', '4차원', '부적응자'로 낙인찍히는 게 두려운가? 손가락질 무수히 받던 문제도 1~2년이면 잊히고 승승장구한다. 우리는 생각보다 서로에게 그다지 관심이 없다. 여러분이 생각하고 있는 퇴사는 지금이 아니어도 언제든지 할 수 있다. 다만, 그것은 딱 한 번만 사용할 수 있는 극약처방임을 명심하길 바란다.

NCS 직업기초능력 5. 대인관계능력

대인관계능력은 업무를 수행함에 있어 접촉하게 되는 사람들과 문제를 일으키지 않고 원만하게 지내는 능력이다.

※ 하위능력 및 세부요소
- 팀웍능력: 적극적 참여, 업무 공유, 팀구성원으로서의 책임감
- 리더십능력: 동기화시키기, 논리적인 의견 표현, 신뢰감 구축
- 갈등관리능력: 타인의 생각 및 감정 이해, 타인에 대한 배려, 피드백 제공 및 받기
- 협상능력: 다양한 의견 수렴, 협상가능한 실질적 목표 구축, 최선의 타협방법 찾기
- 고객서비스능력: 고객의 불만 및 욕구 이해, 매너있고 신뢰감 있는 대화법, 고객 불만에 대한 해결책 제공

※ 체크리스트

평 가 영 역	평 가 문 항	전혀 그렇지 않다.	그렇지 않은 편이다.	보통 이다.	다소 그런 편이다.	매우 그렇다.
대인관계능력	직장생활에서 다른 구성원들과 목표를 공유하고 원만한 관계를 유지하며, 자신의 역할을 이해하고 책임감 있게 업무를 수행할 수 있다.	①	②	③	④	⑤
	직장생활 중 조직구성원들의 업무향상에 도움을 주며 동기화시킬 수 있고 조직의 목표 및 비전을 제시할 수 있다.	①	②	③	④	⑤
	직장생활에서 조직구성원 사이에 갈등이 발생하였을 경우 이를 원만히 조절할 수 있다.	①	②	③	④	⑤
	직장생활에서 협상 가능한 목표를 세우고 상황에 맞는 협상전략을 선택하여 다른 사람과 협상하는 능력을 기를 수 있다.	①	②	③	④	⑤
	고객서비스에 대한 이해를 바탕으로 실제 현장에서 다양한 고객에 대처할 수 있으며, 고객 만족을 이끌어 낼 수 있는 능력을 기를 수 있다.	①	②	③	④	⑤

NCS 직업기초능력 6. 의사소통능력

의사소통능력이란 직업인이 직업생활에서 우리말로 된 문서를 읽고 이해하거나 상대방의 말을 듣고 의미를 파악하며, 자신의 의사를 정확하게 표현하는 능력을 의미한다. 또한 국제화 시대에 간단한 외국어 자료를 읽고 이해하며 외국인의 간단한 의사표시를 이해하는 능력까지 포함한다.

※ 하위능력 및 세부요소
- 문서이해능력: 문서 정보 확인 및 획득, 문서 정보 이해 및 수집, 문서 정보 평가
- 문서작성능력: 작성 문서의 정보 확인 및 조직, 목적과 상황에 맞는 문서 작성, 작성한 문서 교정 및 평가
- 경청능력: 음성 정보와 매체 정보 듣기, 음성 정보와 매체 정보 내용 이해, 음성 정보와 매체 정보에 대한 반응과 평가
- 의사표현능력: 목적과 상황에 맞는 정보조직, 목적과 상황에 맞게 전달, 대화에 대한 피드백과 평가
- 기초외국어능력: 외국어 듣기, 일상생활의 회화 활용

※ 체크리스트

평가영역	평가문항	전혀 그렇지 않다.	그렇지 않은 편이다.	보통 이다.	다소 그런 편이다.	매우 그렇다.
의사소통능력	직장생활에서 필요한 문서를 확인하고, 읽고, 내용을 이해하여 업무 수행에 필요한 요점을 파악하는 능력을 기를 수 있다.	①	②	③	④	⑤
	직장생활에서 목적과 상황에 적합한 아이디어와 정보를 전달할 수 있는 문서를 작성할 수 있다.	①	②	③	④	⑤
	다른 사람의 말을 주의 깊게 듣고 적절하게 반응할 수 있다.	①	②	③	④	⑤
	목적과 상황에 맞는 말과 비언어적 행동을 통해 아이디어와 정보를 찾고 이를 효과적으로 전달할 수 있다.	①	②	③	④	⑤
	외국어로 된 간단한 자료를 이해하거나 간단한 외국인의 의사표현을 이해하고, 자신의 업무와 관련하여 필요한 기초외국어능력을 기를 수 있다.	①	②	③	④	⑤

4.

조직을 이해할 때 샘솟는 아우라

"수퍼 엑셀런트(Super Excellent). 이름하여 수.펙.스.(SUPEX)"

초딩이 지었는가 싶지만 사실 SK를 대표하는 단어이다. 인간이 도달할 수 있는 최고의 수준을 달성하라. 수펙스 추구! 이는 김치에도 적용된다. 워커힐에는 내가 평생 먹어본 것 중 최고의 김치가 있다. 그 김치의 정식 명칭도 수펙스 김치다.

SK는 삼성과는 또 다른 맛이 있었다. 연수부터 본업까지 삼성에 비해 훨씬 여유로웠다. 특히 연수는 '나'에 대해 많이 생각해 볼 수 있도록 구성되어 있는데 희한하게 키보드 영어 철자로도 '나'='SK'이다.

신입사원 연수는 SK텔레콤 인재개발원에서 시작했다. 연수 과정은 삼성과 비슷했다. 교육을 받고 팀 과제나 개인 과제를 수행했다. 하지만 그 양과 강도는 훨씬 적었다. 두 번째 연수였기에 그럴 수도 있지만 전혀 힘이 들지 않았다. 전반적으로 재밌게 즐길 수 있었다. 저녁에는 개인 시간도 많이 주어져서 실내에 있는 당구장과 볼링장 등 편의시설을 이용할 수 있었다.

연수 과제도 나에 대해 생각해 보는 형식이 많았다. 성장한 미래의 내 모습을 PPT로 만들고 발표했었는데, 신입사원 모두의 내용을 모아 책자로 만들어줬다. 지금도 한 번씩 꺼내서 포부 당당했던 나와 동기들을 보곤 한다. 봉사활동도 가고 UCC도 만들고 등산도 했다. 성과를 도출하기보다 체험과 토론이 주가 되는 연수였다.

계열사별 연수에서는 조금 더 전문적인 교육이 이뤄졌다. 내가 있었던 SK E&S는 사업 특성상 전국 각지에 사업장이 있었다. 청주에서 도시가스 검침을 하고 평택에서 발전소 견학도 했다. 실무에서 사용할 프로그램과 용어를 배우고 업무 프로세스도 배웠다.

여담이지만 SK는 숙소와 밥맛도 굉장히 좋았다. 연수가 진행된 인재개발원과 워커힐은 모든 공간이 넓고 깨끗했다. 이후 워크숍이나 동기 모임 등 이곳을 여러 번 찾았는데 갈 때마다 만족스러웠다. 그리고 앞서 말한 대한민국에서 최고의 맛을 내는 수펙스 김치가 그곳에 있었다.

SK그룹은 기업의 경영철학을 매우 중시한다. 이름은 SK Management System(이하 SKMS)으로 '구성원 행복의 확장이 SK의 성장이다.'가 주된 내용이다. 직원들에게 스스로 행복해지기를 강조하는 회사가 우리나라에 몇 곳이나 있을까 싶다.

행복의 달성을 위해서 추구하는 것이 앞서 말한 수펙스다. 주어진 시간과 자원을 고려하여 최고 수준의 가치를 만들어 이해관계자 모두의 행복을 창출한다. 결국 행복하려면 최고로 열심히 일해야 한다는 뜻이다. 그렇게 '수퍼 엑셀런트'하게 일하는 방법을 가르쳐 준다.

연수를 받을 때는 행복 추구 및 SKMS의 중요성을 느끼더라도 본업에서는 실무에 치여 조금씩 잊히기 마련이다. 그런데 SK에서는 이를 방지하기 위해 계열사마다 SKMS 전담 부서와 직원을 두고 있다. 그리고 모든 업무에 이를 반영하도록 노력한다.

연간 목표를 정할 때, 연말 평가를 할 때, 심지어 야유회나 회식을 할 때도 SKMS를 생각하고 활용한다. 끊임없는 반복으로 구성원 모두에게 인이 박이다시피 한다.

그렇게 **모든 구성원이 나와 내가 속한 조직을 이해하고 같은 가치를 추구**

하게 되는데, 이때의 아우라는 실로 엄청나다. 어떤 의도로 계획을 세웠는지, 어떤 방식으로 일을 진행할 것인지를 말로 꺼내지 않아도 느낄 수 있다. 업무를 수행하는 과정에서도 다른 방향으로 새지 않도록 스스로 점검하고 동일한 목표로 맞춰 나가게 된다. SKMS를 통해 조직을 이해한 결과, 어울릴 수 없을 것 같던 사람들이 일을 통해서 하나가 된다.

꿈꾸는 직장을 위한 NCS 더하기

SK의 기업이념 SKMS는 NCS의 조직이해능력과 결이 같다.

조직의 의미, 조직에 대한 이해, 조직과 나와의 관계, 내가 속한 조직의 경영전략 이해, 조직 목표에 대한 이해 등 조직원에게 공통으로 요구하는 조직이해능력을 SK에서는 끊임없이 가르치고 상기시킨다.

거의 모든 직장은 조직의 이념과 목표가 있지만, 동시에 거의 모든 조직원은 그 존재조차 모른다. SK에서도 이 점을 알고 있기 때문에 적극적으로 관리한다. 입사부터 퇴사까지 모든 행동에서 조직을 생각하게끔 만든다. SK의 성장과 발전에는 SKMS로 귀결되는 조직원들의 조직이해능력이 가장 큰 역할을 했으리라 본다.

현재의 직장 혹은 가고자 하는 직장의 조직 이념, 목표를 확인해 보자. 이 조직이 왜 존재하며, 내가 무엇에 더 집중해야 할지 고민해 본다면 무의미했던 직장생활의 이유를 찾을 수 있을 것이다.

NCS 직업기초능력 7. 조직이해능력

조직이해능력은 일 경험에서 조직의 경영, 체제, 업무 등의 구성요소와 조직을 둘러싼 환경을 이해하는 능력이다.

※ 하위능력 및 세부요소
- 국제감각: 국제적인 동향 이해, 국제적인 시각으로 업무 추진, 국제적 상황 변화에 대처
- 조직체제이해능력: 조직의 구조 이해, 조직의 규칙과 절차 파악, 조직간의 관계 이해
- 경영이해능력: 조직의 방향성 예측, 경영조정, 생산성 향상 방법
- 업무이해능력: 업무의 우선순위 파악, 업무활동 조직 및 계획, 업무수행의 결과 평가

※ 체크리스트

평 가 영 역	평 가 문 항	전혀 그렇지 않다.	그렇지 않은 편이다.	보통 이다.	다소 그런 편이다.	매우 그렇다.
조직이해능력	직장생활에서 직업인으로서 자신이 속한 조직의 구조와 목적, 문화, 규칙 등과 같은 조직 체제를 파악하는 능력을 기를 수 있다.	①	②	③	④	⑤
	직장생활에서 직업인으로서 자신이 속한 조직의 경영 목표와 경영 방법을 이해하고, 경영의 한 주체로서 조직경영에 참여하는 능력을 기를 수 있다.	①	②	③	④	⑤
	직장생활에서 직업인으로서 자신에게 주어진 업무의 성격과 내용을 알고 업무처리 절차에 따라 효과적으로 업무를 수행할 수 있다.	①	②	③	④	⑤

NCS 직업기초능력 8. 직업윤리

직업윤리는 업무를 수행함에 있어 원만한 직업생활을 위해 필요한 태도, 매너, 올바른 직업관을 말한다.

※ 하위능력 및 세부요소
- 근로윤리: 근면성, 정직성, 성실성
- 공동체윤리: 봉사정신, 책임 의식, 준법성, 직장 예절

※ 체크리스트

평가영역	평가문항	전혀 그렇지 않다.	그렇지 않은 편이다.	보통 이다.	다소 그런 편이다.	매우 그렇다.
직업윤리	직업윤리를 실천하기 위하여 근면하고 정직하며 성실하게 업무에 임하는 자세를 배양할 수 있다.	①	②	③	④	⑤
	직업윤리를 실천하기 위하여 봉사하며, 책임 있고, 규칙을 준수하고, 예의 바른 태도로 업무에 임하는 자세를 배양할 수 있다.	①	②	③	④	⑤

5.

구조조정의 중심에서 평생직장을 외치다

퇴행자(退行者)

가면 갈수록 나빠지는 사람

시작부터 잘못된 단춧구멍

나는 퇴행자인가?

SK에서의 생활은 굉장히 만족스러웠다. 삼성 시절 한 동기가 '삼성에서는 늘 불만을 달고 살았던 네가 SK에서 그렇게 만족할 줄 몰랐다.'고 했다. 실제로 내가 품었던 불만들이 이직을 통해 많이 해소되었다. 그때는 성공적인 이직이라고 생각했다.

나는 발전소에서 근무했다. 위상이 조금 바뀌었지만 당시 전기 발전업은 최고의 인기를 구가하는 업종이었다. 높은 이익률에서 파생되는 고액 연봉, 낮은 업무 강도와 없다시피 한 영업 압박, 안정적인 수익 구조와 긴 근속연수 등 직장인이 꿈꾸는 많은 것이 있었다. 처음에는 좋은 점만 보였다. 실제로 만족하며 일했고 좋은 성과와 평가를 받아나갔다. 하지만 조금씩 걱정거리들이 생기기 시작했다. 여전히 나는 나를 잘 모르고 있었다.

삼성에서의 근무지는 대도시의 중심부에 있었지만 SK에서의 근무지는 시골에서도 가장 외곽에 있었다. 할 만한 운동이 없고 가볼 만한 맛집이 없고 어울릴 만한 사람이 없었다. 마음의 준비를 했지만 생각보다 더 외로웠다. 혈기 왕성할 때였던 만큼 시간이 갈수록 아쉬움이 커져만 갔다. 생각해 보니 이건 전 직장의 장점이었다. 떠나보니 이토록 그리울 수가 없었다.

그리고 당시 전 직장부터 만나온 여자 친구가 있었는데 그녀와 멀어진 거리가 많은 문제를 만들고 있었다. 연애는 할 수 있어도 결혼에는 제약이 많았다. 장거리 출퇴근, 주말부부 등 몇몇 문제들은 어떻게든 설득해 볼 수 있었지만, 자녀계획을 얘기할 때면 도저히 할 말이 떠오르지 않았다. 나이를 먹어갈수록 결혼 적령기가 되어갈수록 여자 친구와의 골이 깊어지는 걸 느꼈다.

정확하게 그 시점에 일이 터졌다. 당시에는 한동안 잠도 못 잘 정도의 충격이었다. 내가 있던 SK E&S의 발전 부문이 통째로 매각된 것이다. 그룹사의 결정으로 모든 설비와 인력이 그대로 다른 회사로 옮겨졌다. 개인에게는 어떠한 의견 조율 없이 글자 그대로 통째로 팔렸다.

모든 근무 조건은 동일했다. 매각 후에도 연봉, 성과제도, 직급체계, 복리후생 등 기존 SK그룹의 체계와 똑같이 운영된다는 부분이 명시되어 있었다. 하지만 전혀 위로가 되지 않았다. 우리 회사가 팔리는 과정이 원활하게 진행되도록 수없이 많은 보고서를 작성하고 제출했다. 내가 이 회사에서 하나의 부속품일 뿐이라는 걸 절실히 느끼는 순간들이었다. 위의 문제들을 종합한 결과 나는 또 한 번의 이직을 마음먹었다.

두 번째 이직 준비를 하면서 느꼈던 안타까움과 후회가 지금도 생각이 난다. 첫 번째 직장에서 겪었던 문제들을 해결하기 위해 이직하였고 몇 가지 문제들은 해결할 수 있었다. 하지만 새로운 문제들이 생겼다. 오히려 첫 번째 직장이었으면 발생하지 않았을 것들이었다. 결국 이직이 답이 되지 못했다. 그런데 또 이직하려고 한다니 이 얼마나 안타까운 일인가. 나는 정녕 퇴행자인가?

아니다. 제대로 하자. 나는 단춧구멍을 처음부터 맞춰보기로 했다.
이번에는 직장을 먼저 생각하지 않았다. 인기 많고 이름 있는 곳이라도 나와 맞지 않다면 의미 없다는 것을 깨달았다. 그래서 **나란 사람이 무엇을 잘하고 무엇을 중시하는지부터 집요하게 파고들었다.**

- 내가 잘하는 분야는?

'나는 영업의 전선에서 당당하게 밀고 나가는 능력은 부족하지만, 분석을 잘하고 숫자에 밝은 사람이다.'

- 내가 살고 싶은 곳은?

'나는 공기 좋고 물 맑은 시골보다 시끄럽고 화려한 도시에 살고 싶은 사람이다.'

- 내가 중요하게 생각하는 것은?

'나는 지금의 여자 친구를 사랑하고 결혼과 가정생활을 중시하는 사람이다.'

'아이의 교육도 중요하고 생활 인프라도 중요하게 생각하는 사람이다.'

- 나의 소비와 투자성향은?

'씀씀이가 크지 않고 흔들림이 적어 장기투자에 적합한 사람이다.'

'변화보다는 안정적인 삶을 추구하는 사람이다.'

이렇게 정리해 나가니 오히려 더 넓은 채용시장이 보였다. 이름 있는 메이저 회사들에 함몰되어 있었던 나를 반성하게 되었다. 진작 나 자신을 심도 있게 알아보는 시간을 가졌다면 첫 단추부터 제대로 꿰었을 것이다.

그렇게 나는 공공기관으로 이직했다.

꿈꾸는 직장을 위한 NCS 더하기

대기업은 자본과 이해관계로만 움직이기 때문에 구조조정이 빈번하게 일어 난다. 구조조정이라고 하면 정리해고부터 떠올리는 사람이 많지만 그보다는 조직의 구조가 바뀌는 경우가 훨씬 더 많다. 계열사 간 합병, 그룹사 간 인수 등 관심을 갖고 본다면 뉴스에서 수시로 만날 수 있다.

이러한 변화는 큰 물결이기 때문에 개인이 막을 수는 없다. 그 속에서 대기업 구성원들은 내가 그저 부품일 뿐이라는 자괴감, 상실감을 느끼기 쉽다. 그렇 게 조직 구조가 바뀌고 나면 매우 많은 구성원이 조직을 떠난다.

사실 구조조정은 어느 기업이든 발생할 수밖에 없다. 공공기관이나 공무원 조 직도 예외는 아니다. 사회적으로 드러나지 않더라도 구성원에게 영향이 가는 체계변화는 빈번하다.

구조조정이 일어나면 그 상황만 너무 깊게 생각하지 말고 시야를 넓혀 크게 보는 게 좋다. 결과는 아무도 모른다. 삼성생명 동기 중 한 명은 입사 초기에 신생 계열사인 삼성바이오로직스로 계열사 이동을 했고 승승장구하고 있다. 망해가는 곳에 왜 입사했을까 생각했던 SK하이닉스의 동기들이 지금은 제일 부럽다. 구조조정 정보에 관심을 가져보자. 내 역량을 발휘하기에 더 좋은 환 경이 구축되어 생각도 못 한 큰 기회가 올 수도 있다.

NCS 직업기초능력 9. 정보능력

정보능력은 업무와 관련된 정보를 수집하고 분석하여 의미 있는 정보를 찾아내고, 의미 있는 정보를 업무 수행에 적절하도록 조직하고 관리하며, 업무 수행에 이러한 정보를 활용하고 제 과정에 컴퓨터를 사용하는 능력이다.

※ 하위능력 및 세부요소
- 컴퓨터활용능력: 컴퓨터 이론, 인터넷 사용, 소프트웨어 사용
- 정보처리능력: 정보 수집, 정보 분석, 정보 관리, 정보 활용

※ 체크리스트

평가영역	평가문항	전혀 그렇지 않다.	그렇지 않은 편이다.	보통 이다.	다소 그런 편이다.	매우 그렇다.
정보능력	직장생활에서 컴퓨터 관련 이론을 이해하여 업무 수행을 위해 인터넷과 소프트웨어를 활용할 수 있다.	①	②	③	④	⑤
	직장생활에서 필요한 정보를 찾아내고 업무 수행에 적합하게 조직·관리하여 활용할 수 있다.	①	②	③	④	⑤

NCS 직업기초능력 10. 자원관리능력

자원관리능력은 업무를 수행하는 데 있어 시간, 자본, 재료 및 시설, 인적자원 등의 자원 가운데 무엇이 얼마나 필요한지를 확인하고, 이용 가능한 자원을 최대한 수집하여 실제 업무에 어떻게 활용할 것인지를 계획하고, 계획대로 업무 수행에 이를 할당하는 능력이다.

※ 하위능력 및 세부요소
- 시간관리능력: 시간자원 확인, 시간자원 확보, 시간자원 활용계획 수립, 시간자원 할당
- 예산관리능력: 예산 확인, 예산 할당
- 물적자원관리능력: 물적자원 확인, 물적자원 할당
- 인적자원관리능력: 인적자원 확인, 인적자원 할당

※ 체크리스트

평가 영역	평가 문항	전혀 그렇지 않다.	그렇지 않은 편이다.	보통 이다.	다소 그런 편이다.	매우 그렇다.
자원관리능력	직장생활에서 필요한 시간을 확인하고 확보하여 업무 수행에 이를 할당할 수 있다.	①	②	③	④	⑤
	직장생활에서 필요한 예산을 확인하고 확보하여 업무 수행에 이를 할당하는 능력을 기를 수 있다.	①	②	③	④	⑤
	직장생활에서 필요한 물적자원을 확인하고 확보하여 업무 수행에 이를 할당할 수 있다.	①	②	③	④	⑤
	직장생활에서 필요한 인적자원을 확인하고 확보하여 업무 수행에 이를 할당하는 능력을 기를 수 있다.	①	②	③	④	⑤

Chapter 2

NCS,
평생직장을
분석하다

급여 차이의 핵심은 초봉이다.

업무란 존재는 양으로만 비교하기에 복잡하고 다차원적이다.

대기업에는 '경쟁의식', 공공기관에는 '회피의식'이 저변에 깔려있다.

직장이 어떻게 돌아가는지, 직장인이 어떻게 살아가는지를 밀도 있게 느껴보자.

1.

신입: 가장 큰 고민을 미리 만나다

"누구나 그럴싸한 계획을 가지고 있다. 맞아보기 전에는."

어려운 취업 문을 통과하고 번듯한 직장을 가지게 되었다. 큰 고민거리가 해결되고 많은 축하를 받지만 흥분과 기쁨은 생각보다 짧다. 스멀스멀 기어 나오는 고민에 다시 주위 사람들과 비교를 시작한다. 화날 일도 많고 슬플 일도 많다.

나의 경험을 바탕으로 대기업과 공공기관에 갓 입사한 신입사원의 고민과 심경 변화를 적었다. 양쪽에서 다 맞아본 사람의 이야기를 전하니 여러분에게 어울리는 곳은 어디일지 생각하면서 보길 바란다.

◆ 대기업 신입사원

대기업 취업을 성공한 순간 주변 모두에게 축하받는다. 그리고 부모님들의 자랑거리 1순위가 된다. 나의 경우 할아버지께서 특히 좋아하셨다. 대기업 회장들과 친분이 생긴 것처럼 자랑을 하셔서 난처했지만 그마저도 좋았다. 친구들이나 선후배에게도 술을 살 일이 많다. 기분 좋게 사줄 수 있다. 대학 때의 궁핍한 삶은 이제 안녕이라는 생각이 든다.

공채 입사를 하면 연수를 받는다. 대기업의 규모와 화려함에 상당히 놀랄 수 있다. 같이 입사한 동기들은 하나같이 능력 있어 보이고 자신감도 넘쳐흐른다. 스펙과 학벌이 화려하다. 업무에 투입될 때도 패기가 가득하다. 회사에 대한 자부심과 긍지가 넘치고 열심히 하고자 하는 마음이 샘솟는다. 다들 일도 잘한다. 주변에서 소개팅이나 선 자리를 많이 주선해 주는데 웬만하면 이 시기에 연애를 한다. 대기업 직원이란 이름표는 열심히 살았다는 것을 반증하기 때문에 기본적인 믿음을 주는 듯하다.

돈은 생각보다 많이 준다. 나에게는 부족함이 없었다. 내가 삼성에 입사했을 때 동기들 사이에 유행이 하나 돌았다. SNS에 외제차를 인증하는 것이었다. 그만큼 여유가 생긴다는 뜻이다. 그 정도는 아니지만 나도 원하는 수준만큼 먹고 마시며 놀았다. 비슷한 나이대의 직장인 중 누구와 비교해도 벌이가 적지 않다고 느꼈다.

하지만 본격적인 업무를 시작하면 몇 년 혹은 몇 개월 안에 부대낌을 느낄 수 있다. 일이 확실히 많다. 쉴 틈 없이 해야만 퇴근 시간에 끝낼 수 있을 양을 준다. 신기할 만큼 정확하다. 조금 요령을 피우면 잔업이 생기고 문제가 생긴다. 일을 하면 할수록 직원 간의 성과 차이가 벌어진다. 한 번씩 생기는 프로젝트성 업무는 더욱 높은 집중도와 희생을 요구한다. 이를 훌륭하게 해낸다면 능력을 인정받게 되지만 워라밸(Work-Life Balance)을 어느 정도 포기해야 한다.

그리고 조금씩 불안감이 생긴다. 고된 노동에 대한 걱정과 짧은 근속연수에 대한 우려는 생각보다 쉽게 사그라지지 않는다. 내가 느끼는 것도 있지만 주변에서 바라보는 시선과 말 한마디로 상심에 빠질 때가 있다. 주변에 공무원이나 전문직에 종사하는 사람들이 많다면 그런 우려는 더욱 깊어진다.

내 성향이 어떤지에 대해 깊게 생각해야 할 때가 온 것이다. 불안이 주된 감정이라면 앞으로의 직장생활이 아주 고될 수 있다. 반면, 재미와 열정이 샘솟는다면 이곳에서 누구보다 성공할 수 있다.

◆ 공공기관 신입사원

공공기관 취업을 성공한 순간 주변 모두에게 축하받는다. 부모님들은 이제 걱정을 놓을 수 있겠다고 말씀하신다. 벌이는 적어도, 안정적인 게 좋다고 하신다. 내가 이직할 때는 아버지께서 이전 대기업보다 못내 아쉬워하시는 것 같았다. 친구들이나 선후배에게도 술을 살 일이 많지만 시원하게 쏠 수는 없다. 아르바이트 시급과 큰 차이가 없는 급여다.

임용까지 조금 시간이 걸릴 수 있는데 그동안 여행을 떠나는 사람들도 많다. 임용이 되면 별다른 교육은 없다. 대기업에 비해 상대적으로 짧은 신규직원 교육을 받고 업무에 투입된다. 나이가 어린 동기들은 임용되기까지의 기간 중 다른 곳에 취업이 되는 경우도 많다. 메이저 공기업이나 대기업에 합격하면 높은 비율로 떠나는 듯하다.

공공기관에는 고시를 준비하다가 입사하는 사람의 비중이 꽤 높다. 법대의 경우 로스쿨이나 사법시험, 경상대의 경우 회계사나 세무사가 많고 이외에도 행정고시, 노무사, 법무사 등 전문직을 준비하다 실패한 사람들이 많다. 그래서인지 대기업에 비해 패기가 부족한 느낌이다. 합격에 대한 아쉬움을 잊지 못하는 직원들을 자주 볼 수 있다. 준비했던 공부와 비슷한 업무를 배정받으면 그나마 다행이다.

주변에서 소개팅이나 선 자리를 많이 받게 되는데 웬만하면 연애한다. 빠른 결혼을 하는 사람도 많다. 결혼 시장에서 안정적인 직업의 선호도는 상당히 높다. 결혼정보업체를 통해서 결혼하는 경우도 꽤 봤다. 공무원이나 공공기관처럼 서로 비슷한 직업군과의 결혼이 많다. 가정 설계로 봤을 때 아주 탄탄한 느낌을 받는다.

돈은 생각보다 더 적게 준다. 낮은 연차에서는 최저시급이나 마찬가지다. 취업했다고 생활수준이 드라마틱하게 바뀌지 않는다. 씀씀이도 과하게 할 수 없을뿐더러 결혼자금이나 기타 원하는 것을 마련하기 위해서는 많이 아껴야 한다. 하지만 호봉은 계속 오르고 미래 소득에 대해 어느 정도 추정이 가능하기 때문에 장기적인 계획을 세우기는 용이하다.

뛰어난 사람은 공공기관에서도 티가 난다. 책임의 문제 때문에 선뜻 나서지 못하는 일들이 많은데 솔선수범해서 놀라운 업무 능력을 보여주는 사람들도 꽤 있다. 하지만 도전 정신이나 능력이 보상으로 연결되는 경우는 많지 않다. 오히려 큰 변화 없이 안전하게 일한 사람들이 빠르게 고위직이 되는 경우도 많다.

그리고 조금씩 불안감이 생긴다. 생각보다 급여는 오르지 않는다. 선배들의 상황을 보면 연차가 쌓여도 경제적인 고민이 해소되지 않는 것 같다. 특히 주변에 대기업이나 고소득 직종에 종사하는 사람들이 많다면 고민은 더욱 깊어진다.

내 성향이 어떤지에 대해 깊이 생각해 봐야 할 때가 온 것이다. 역량을 마구 뽐내고 싶은 사람이라면 보수적인 분위기에 큰 실망을 느낄 수 있다. 하지만 고연차의 선배들은 적은 업무량에 비해 돈을 많이 받는 듯하다. 튀지 않게 버티면 안정적인 미래를 기대할 수 있다.

◆ 신입사원이 가져야 할 마음가짐

갓 입사한 신입사원의 기분은 롤러코스터와 같다. 글로 다 표현할 수 없는 희로애락이 매일매일 생긴다. **대학 생활과 비교해 보면 사람도 업무도 너무 불친절하다.** 매일 같이 감정을 소모하다 보면 마음이 많이 약해진다. 주변 사람들과 비교도 많이 하게 된다. 그래서 입사 초기에 퇴사나 이직을 고민하는 사람이 가장 많고 실제로 상당수가 떠난다.

이직을 두 번 한 선배로서 조언하자면 이때의 고민에 너무 깊게 빠지지 않도록 하자. 불필요한 감정 소모를 줄여야 한다. 첫 1년은 적응한다는 마음으로 임하면 된다. 혼자 고민하기보다는 동기나 선배와 대화하는 게 좋다. 프로 데뷔에 성공한 것만으로도 여러분은 이미 대단한 사람이다. 반드시 신인상을 받겠다는 의욕이 오히려 독이 될 수 있다.

그리고 다른 직장을 너무 부러워하지 말자. 사실, 서로서로 부러워한다. 여러분이 생각하지 못한 단점이 그곳에 반드시 있다. 너무 빠른 결정도 하지 않기를 바란다. 직장이 어떻게 돌아가는지, **직장인이 어떻게 살아가는지를 밀도 있게 느껴보자.** 그런 경험이 바탕이 되어야 앞으로 길고도 긴 직장생활을 올바르게 설계하고 추진할 수 있다.

꿈꾸는 직장을 위한 NCS 더하기

신입사원은 조직 생활이 처음인 경우가 많고 대부분의 고민은 이로 인해 발생한다. 관련된 직업기초능력은 조직이해능력이다.

직장은 직업생활을 하는 물리적 장소이면서, 동시에 심리적 안정을 느끼는 공간이어야 한다. 하지만 대부분의 신입사원은 심리적 불안감을 느낀다. 아직 조직의 가치관, 신념, 규범 등의 조직문화를 경험하지 못했고 받아들이지 못했기 때문이다.

이 능력은 대기업이냐 공공기관이냐에 따라 큰 차이가 없다. 어떤 곳이든 그 기관 혹은 그 부서만의 조직문화가 있다. 조직 체제, 조직의 목표, 집단의 특성은 가능한 한 빨리 습득하려고 노력하는 것이 본인에게 좋다. 도저히 적응하지 못하거나 적응하고 싶지 않은 조직문화라면 빠른 판단을 내리기 위해서도 조직이해는 필요하다.

그렇다고 미리 걱정할 필요는 없다. 대부분의 채용은 이미 정립된 조직문화에 어울리는 사람이 뽑히게끔 설계되어 있다. 실제로 입사하면 나와 비슷한 성향의 사람을 많이 만날 수 있을 것이다.

NCS 1. 총무

신입사원은 대부분 총무의 역할을 수행한다. 총무 부서가 아니라도 부서 내 서무업무를 하면서 자산관리, 문서관리, 업무지원 등의 역할을 맡는다. NCS에서 알려주는 총무에 대해서 알아보자.

① 분류
02. 경영 · 회계 · 사무 〉 02. 총무 · 인사 〉 01. 총무(총무, 자산관리, 비상기획)

② 정의
01. 총무는 조직의 경영 목표를 달성하기 위하여 자산의 효율적인 관리, 임직원에 대한 원활한 업무지원 및 복지지원, 대 · 내외적인 회사의 품격 유지를 위한 제반 업무를 말한다.
02. 자산관리는 기업의 자산가치를 증진시키기 위하여 자산관리 목표와 계획을 수립하고 자산의 취득, 운영, 매각 및 평가 등을 수행하는 업무를 말한다.
03. 비상기획이란 전 · 평시 예상되는 각종 위협으로부터 국가 및 소속 기관 · 업체를 안전하게 보호하기 위하여 전시 · 사변 또는 이에 준하는 비상시를 대비한 계획, 준비, 훈련을 실시하고 평시 재난 · 위기 · 보안 · 민방위 · 안전관리 관련 업무를 말한다.

③ 세분류 및 능력단위

01. 총무: 사업계획수립, 행사지원관리, 부동산관리, 비품관리, 차량운영관리, 용역관리, 업무지원, 총무문서관리, 복리후생지원, 총무보안관리

02. 자산관리: 자산관리 목표수립, 자산관리 계획수립, 자산취득, 업무용 동산관리, 자산처분, 자산위탁관리, 자산평가보고, 부동산관리, 시설물안전관리, 자산위험관리

03. 비상기획: 비상대비업무 사업계획수립, 총무계획수립, 을지연습, 충무훈련, 동원자원관리, 민방위관리, 비상기획 보안관리, 안보위기관리, 재난관리

※ 체크리스트(총무 사원)

평가 영역		평가 문 항	전혀 그렇지 않다.	그렇지 않은 편이다.	보통 이다.	다소 그런 편이다.	매우 그렇다.
비품 관리	비품 구매	인력운영계획 및 사업계획을 토대로 연간 소요량을 파악할 수 있다.	①	②	③	④	⑤
		파악된 소요량과 예산에 따라 적정한 비품 구매 규모를 확정할 수 있다.	①	②	③	④	⑤
		확정된 구매 규모에 따라 업체 선정 절차를 수행할 수 있다.	①	②	③	④	⑤
		주문서에 따라 납품된 비품을 검수한 후 인수 절차를 진행할 수 있다.	①	②	③	④	⑤
	비품 유지	비품관리 규정에 따라 보유한 비품을 분류할 수 있다.	①	②	③	④	⑤
		비품의 분류 기준에 따라 비품의 종류별 현황을 관리할 수 있다.	①	②	③	④	⑤
		비품관리대장에 기초하여 비품의 수량 및 상태를 파악할 수 있는 재물 조사를 실시할 수 있다.	①	②	③	④	⑤
		재물조사 실시 결과에 따라 비품을 유지관리 할 수 있다.	①	②	③	④	⑤
	비품 처분	비품 상태에 따라 비품의 매각 · 폐기와 관련된 처분계획을 수립할 수 있다.	①	②	③	④	⑤
		수립된 처분계획에 따라 매각 · 폐기 업체를 선정할 수 있다.	①	②	③	④	⑤
		선정된 업체와의 합의된 조건에 따라 매각 · 폐기 업무절차를 진행할 수 있다.	①	②	③	④	⑤
		회계규정에 의거하여 매각 · 폐기 처분 중 발생되는 손익대금에 대한 회계 처리 절차를 진행할 수 있다.	①	②	③	④	⑤

총무 문서 관리	문서 유지 관리	조직의 경영 효율을 위하여 문서관리 규정을 제 · 개정할 수 있다.	①	②	③	④	⑤
		제 · 개정된 문서관리 규정을 현업부서에서 정확하게 사용하도록 공지할 수 있다.	①	②	③	④	⑤
		문서관리 규정에 따라 현업의 문서관리가 실행되고 있는지를 관리 · 감독할 수 있다.	①	②	③	④	⑤
	우편물 수발신	일반우편물의 수신의 경우 각 부서별 우편함에 분류할 수 있다.	①	②	③	④	⑤
		등기우편물의 수신의 경우 접수 대장에 기록 후 공지할 수 있다.	①	②	③	④	⑤
		행랑에 의한 수 · 발신의 경우 수 · 발신 대장을 작성 후 각 부서별 우편함에 분류할 수 있다.	①	②	③	④	⑤
		해외 발송의 경우 업체를 선정하여 발송 업무를 수행할 수 있다.	①	②	③	④	⑤
	인쇄물 관리	인쇄물의 소요 시기와 필요 수량을 파악하여 인쇄물 제작 계획을 수립할 수 있다.	①	②	③	④	⑤
		인쇄물 제작 계획에 따라 각 인쇄물의 적정 단가를 비교 검토하여 적정 업체를 선정할 수 있다.	①	②	③	④	⑤
		조직의 인쇄물 제작 방침에 따라 발주한 인쇄물이 정확하게 제작되었는지를 검수할 수 있다.	①	②	③	④	⑤
		인쇄물의 사용 빈도, 사용량, 사용 시기 등을 고려하여 인쇄물의 적정 재고량을 관리할 수 있다.	①	②	③	④	⑤

2.

연봉: 머슴살이를 해도 대감 집에서 해라?

"7급 공무원보다는 킹산직이지!"

현대자동차 생산직 모집에 18만 명이 모였다는 뉴스가 화제였다. 댓글에는 킹산직 찬양이 넘쳤다. '어딜 감히 7급 공무원을 들이밀어? 킹산직이면 5급 공무원과 겨뤄야지!' 지금처럼 대기업 선호가 높은 적이 없었던 것 같다. 이토록 대기업을 선호하고 공무원을 무시하는 주된 이유는 단연 연봉의 차이이다.

연봉은 대기업과 공무원(혹은 공공기관)을 비교할 때 가장 먼저 신경 쓸 부분이다. **여러분이 생각하는 것만큼 압도적인 차이가 있다. 그 차이의 핵심은 초봉이다.**

　2012년 삼성에서의 초봉은 성과급 포함 6천만 원, 2013년 SK에서의 초봉은 성과급 포함 5천5백만 원이었다. 시간이 흘러 2016년 공공기관에서의 초봉은 3천5백만 원이 되었다. 세월의 흐름에 따른 물가 상승까지 감안한다면 초봉 차이는 글자 그대로 2배이다. 머슴살이를 해도 대감 집 머슴을 하라고 했다. 왜 '大' 기업인지 알 수 있는 부분이다.

　입사 초기에는 친구끼리 급여를 비교하는 경우가 많다. 나도 그랬다. 대기업에 입사하고 받은 급여는 누구에게나 말할 수 있었다. 대놓고 자랑하지 않으면서 여유는 느껴지게 표현하곤 했다. 성과급이 저번보다 많지는 않지만 술값은 내가 내겠다는 식이었다.

　하지만 공공기관에서는 그냥 입을 꾹 닫았다. 누가 물어보면 공무원 수준이라고만 대답했다. 만약 내가 20대이고 이곳이 사회생활의 시작이었다면 괜찮았을지 모르겠다. 하지만 나는 이미 높은 연봉을 맛봤고, 전 직장에 비해 반으로 쪼그라든 연봉은 누구에게도 말 못 할 치부였다.

　그러나 다행히 연차가 오를수록 차이는 꽤 많이 줄어들었다. 액수의 차이가 아닌 심리적인 차이가 줄어들었다. 공공기관 10년 차인 지금의 연봉은 7천만 원 정도이다. 같이 삼성에 입사했던 동기는 1억 2천만 원이 훌쩍 넘는 연봉을 받고 있다. 거의 5천만 원의 차이인데, 양쪽의 정보를 바탕으로 예상해 보면 이 정도 차이가 계속 유지되는 듯하다. 내가 1억 원의 연봉을 받으면 삼성에서는 1억 5천만 원의 연봉을 받는 식이다.

절대적인 수치가 좁혀지지 않기에 대기업에 비해 생활 수준은 떨어진다. 소비에 있어 대기업 직원이 공공기관 직원보다 항상 여유로운 선택을 할 수 있다. 하지만 근속 연수를 감안한 생애 소득으로 보면 아주 큰 차이가 나지는 않는다. 더 많은 나이까지 일하는 조건으로 보면 두 곳의 총급여는 생각보다 비슷해지게 된다.

대기업의 경우 빠르게 돈을 벌고 그 돈으로 다른 투자나 사업을 할 기회를 먼저 가질 수 있다. 투자금의 규모가 다르므로 부동산이나 주식 등에서 성공적인 투자를 한다면 경제적 자유를 훨씬 빨리 얻을 수도 있다. 사내에서 능력을 인정받고 임원까지 된다면 그야말로 넘사벽의 경제적 위치를 갖게 된다.

공공기관의 경우 빠르게 돈을 벌 수는 없지만 꾸준하게 소득이 증가한다. 투자금의 규모는 작지만 일정하고 안정적인 급여를 바탕으로 장기적인 투자계획을 세울 수 있다. 소득이 안정적인 만큼 대출도 저리로 많이 실행할 수 있다. 성향에 따라서는 대기업에 비해 더 좋은 투자 환경으로 느낄 수 있다. 남들보다 뛰어나다는 능력을 입증할 필요 없이 준법정신과 성실함만으로 30년 이상 급여를 받을 수 있다.

꿈꾸는 직장을 위한 NCS 더하기

급여는 자기개발능력과 직접적으로 연결된다.

자기개발능력에는 자아인식능력, 자기관리능력, 경력개발능력이 있는데 대기업에서 근무한다면 경력개발능력이 더 중요하고 공공기관에서 근무한다면 자기관리능력이 더 중요하다고 볼 수 있다.

경력개발능력은 자신의 진로에 단계적 목표를 설정하고 목표성취에 필요한 역량을 개발해 나가는 능력이다. 대기업의 경우 이 진로가 더 확실하게 구분되어 있다. A라는 직무에 집중하여 입지를 확보하고 높은 성취를 이룬다면 이는 자신의 승진, 급여와 직결되며 그 분야의 전문가로 인정을 받을 수 있다.

자기관리능력은 자신의 행동 및 업무 수행을 통제하고 관리하며, 합리적이고 균형적으로 조정하는 능력이다. 공공기관에서는 한 분야에서 최고의 성과를 뽑아내라는 식의 요구가 많지 않다. A라는 문제를 해결하는 과정에서 적합한 절차를 거쳤는지, 사회적으로 공공이익에 적합한 결과가 나왔는지를 더 많이 묻게 되는데 이런 면에서 자기관리능력이 더 많이 요구된다.

NCS 2. 인사

급여는 인사직무의 주요 업무이며, 인사의 모든 업무는 결국 급여로 귀결된다. 직원들의 관심도가 높고 관련법도 늘 확인해야 하는 만큼 굉장히 민감하고 어려운 업무로 통한다.

① 분류
02. 경영 · 회계 · 사무 〉02. 총무 · 인사 〉01. 인사(인사, 노무관리)

② 정의
01. 인사는 조직과 구성원의 성장을 위해 직무 분석과 직무 설계를 바탕으로 채용 · 배치 · 육성 · 평가 · 보상 · 승진 · 퇴직 · 전직지원 등의 인사제도를 운용하고 개선하는 업무를 말한다.
02. 노무관리란 노사관계 관리를 의미하며, 사용자와 근로자(노동조합) 간의 협력적 노사관계 구축을 위하여 노사갈등을 예방하고, 관계를 유지 · 개선하는 업무를 말한다.

③ 세분류 및 능력단위

01. 인사: 인사기획, 직무관리, 인력채용, 인력이동관리, 인사평가, 핵심인재관리, 교육훈련운영, 임금관리, 급여지급, 복리후생관리, 조직문화관리, 인사 아웃소싱, 퇴직업무지원, 전직지원

02. 노무관리: 노사관계 계획, 노사관계 교육훈련, 단체교섭준비, 단체교섭, 단체협약이행, 노동쟁의 대응, 노사협의회 운영, 위원회 운영, 노사갈등 해결, 노사관계 평가

※ 체크리스트(인사 실무자)

평가영역		평가문항	전혀 그렇지 않다.	그렇지 않은 편이다.	보통 이다.	다소 그런 편이다.	매우 그렇다.
급여 지급	급여 대장 등록	채용, 이동, 승진 퇴직 등 인사 발령에 따라 급여대장을 갱신할 수 있다.	①	②	③	④	⑤
		급여계산을 위하여 급여 기초사항을 등록할 수 있다.	①	②	③	④	⑤
		급여계산을 위하여 급여대장 외에 해당 월 조직구성원의 소득 및 공제에 영향을 줄 수 있는 항목을 등록할 수 있다.	①	②	③	④	⑤
	근태 관리	각 부서에서 신청된 근태 자료를 집계할 수 있다.	①	②	③	④	⑤
		집계된 자료에서 임금 지급 시 포함시켜야 할 금액을 산출할 수 있다.	①	②	③	④	⑤
		산출된 금액을 급여 규정 또는 관련 법규의 부합 여부를 확인한 후 급여기초자료에 입력할 수 있다.	①	②	③	④	⑤
	급여 계산	급여작업 수행 절차에 따라 단계별로 급여작업을 수행할 수 있다.	①	②	③	④	⑤
		급여작업 검증을 위하여 급여작업 결과와 이전 급여집행 내역을 비교할 수 있다.	①	②	③	④	⑤
		전결 규정에 따라 결재를 진행하기 위하여 급여에 대한 결재 자료를 작성할 수 있다.	①	②	③	④	⑤
		결재 완료된 개인별 급여지급 정보를 조직 구성원에게 안내할 수 있다.	①	②	③	④	⑤
		대량이체 또는 개별이체를 통하여 조직 구성원 개인의 급여계좌에 해당 급여를 송금할 수 있다.	①	②	③	④	⑤
	4대 보험 관리	채용, 이동, 승진, 퇴직 등 인사발령에 따라 4대보험을 적용, 갱신할 수 있다.	①	②	③	④	⑤
		집계된 자료에서 4대보험 적용 시 포함시켜야 할 금액을 산출할 수 있다.	①	②	③	④	⑤
		결재 완료된 개인별 보험 관련 정보를 조직 구성원에게 안내할 수 있다.	①	②	③	④	⑤

		당해 연도 변경된 소득세법에 따라 연말정산 정보를 사전에 최신화할 수 있다.	①	②	③	④	⑤
	연말 정산 실시	신청된 근태 자료에 따라, 기한 내에 관련 서류를 수집할 수 있다.	①	②	③	④	⑤
		잠정적인 연말정산 결과를 산출하기 위하여 조직구성원별 제출서류를 시스템에 등록할 수 있다.	①	②	③	④	⑤
		정확한 연말정산을 위하여 조직 구성원이 제시한 이의신청을 접수할 수 있다.	①	②	③	④	⑤
		이의신청을 반영하여 확정된 연말정산 결과를 조직구성원에게 통지할 수 있다.	①	②	③	④	⑤
퇴직 업무 지원	퇴직 예정자 확인	각종 퇴직사유를 고려하여 조직 내 퇴직예정자를 파악할 수 있다.	①	②	③	④	⑤
		파악된 퇴직예정자에 대해 실제 퇴직 여부를 확인할 수 있다.	①	②	③	④	⑤
		확인된 퇴직예정자에게 적합한 퇴직 절차를 준비할 수 있다.	①	②	③	④	⑤
	퇴직 절차 진행	퇴직이 결정된 당사자에게 퇴직절차에 대해 설명할 수 있다.	①	②	③	④	⑤
		퇴직유형에 따라 퇴직예정자에게 지급해야 할 퇴직금을 산정할 수 있다.	①	②	③	④	⑤
		퇴직자 보안규정에 따라 퇴직 예정자에 대한 보안조치를 수행할 수 있다.	①	②	③	④	⑤
		퇴직자에게 필요한 행정업무를 수행할 수 있다.	①	②	③	④	⑤

3.

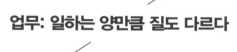

업무: 일하는 양만큼 질도 다르다

"1억을 주는 이유는 2억 치 일을 하기 때문이다."

업무량은 급여와 더불어 대기업과 공공기관을 구분할 때 매우 중요하게 보는 부분이다. 대기업은 일이 많고 공공기관은 적다고 생각할 텐데 업무의 양으로 보면 확실히 그렇다. 대기업에서 일종의 시즌 (Season, 일을 많이 해야 하는 시기)을 만나면 몇 주는 야근을 해야 한다. 돈 쓸 시간이 없을 정도다.

하지만 양으로만 비교하기에 업무란 존재는 복잡하고 다차원적이다. 업무량 못지않게 업무의 성격, 업무의 질도 봐야 한다. 개인적으로 나는 대기업의 업무 스타일이 잘 맞았다.

　대기업은 상당한 자율성이 있다. 내가 무엇인가를 해볼 수 있다는 분위기도 있다. 신규 사업 추진을 예로 들어 보겠다. SK에서는 회의를 굉장히 많이 했다. 이 회의는 30분 만에 끝날 수도 있고 몇 시간이 걸릴 수도 있는데, 하루 종일 회의만 하다가 퇴근한 적도 있다. '신규 사업 발굴'이란 주제가 주어진다면 결론이 날 때까지 회의실에서 떠나지 못하고 머리를 맞댄다. 교과서에나 보던 브레인스토밍이 실제로 펼쳐진다. 팀장부터 말단까지 누구 하나의 의견도 허투루 생각하지 않는다. 신입사원이 낸 의견이 제일 좋다면 그대로 추진한다.

　공공기관의 경우 자율성과는 거리가 멀다. 거의 모든 업무에 규정과 지침이 명시되어 있다. 동일하게 '신규 사업 발굴'이란 주제가 정해진다면 제일 먼저 할 일은 규정과 지침을 확인하고 지난 사례를 찾는 것이다. 다른 기관의 사례도 필수적으로 확인해야 한다. 새로운 무언가를 만들기 위한 의욕도 없고 필요성도 없다. 번뜩이는 아이디어가 떠올라도 일이 너무 커질 것으로 생각되면 일부러 말하지 않는다. 각자 현재 업무 분장에 어떤 영향을 주는지만 생각하게 된다.

　두 기관의 업무는 적법성 관리 면에서도 차이가 크다. 쉽게 말하면 업무 감시의 차이다. 대기업은 사후 관리 위주로 운영된다. 큰 사건이 일어나지 않는 한 업무에 관여하지 않는다. 결재 라인도 상당히 간소하고 빠르다. 직원의 비위를 검증하는 별도의 시스템이 있지만, 내가 감시를 받고 있다는 생각이 들지 않는다.

공공기관 업무는 적법성 관리가 핵심이다. 규정과 법에 따라 업무를 진행하였음을 증빙하고 기록하고 보고하는 게 공공기관에서 하는 일의 대부분이다. 영수증 하나, 문서 하나마다 수많은 결재 라인이 있고 승인을 거친다. 그렇게 최종 승인되어도 안심할 수 없다. 자체 감사, 정부 감사, 국정 감사 등을 거치며, 잘못된 부분을 찾기 위해 수많은 사람이 애를 쓴다. 직원 입장에서는 처리한 일이 늘어날수록 옥죄는 느낌을 받기도 한다.

업무량은 대기업이 압도적으로 많다. 대기업은 자율성을 주지만 업무가 끊이지 않는다. 출근해서 퇴근까지 열심히 일하면 딱 맞을 업무를 준다. 게다가 나만 많은 게 아니다. 차장이든 부장이든 가리지 않고 모두가 많다. 오히려 나보다 팀장이 훨씬 많은 일을 한다는 걸 분명히 느낄 수 있었다. 퇴근하는 그날까지 일이 많다.

반면, 공공기관에서는 모든 업무에 감사를 받는다고 해도 그 양이 절대적으로 많지는 않다. 업무가 몰리는 시기가 아니라면 상대적으로 여유롭게 일할 수 있다. 맡은 직무에 따라 차이는 있지만, 어떤 업무를 맡더라도 대기업에 비해서는 적다. 그리고 팀장이나 과장으로 올라간다면 일의 양은 더욱 줄어든다.

　업무의 성과를 보여줘야 한다는 점도 둘의 차이다. 대기업에서는 한 해 문제없이 일했다는 것만으로는 자신의 커리어에 전혀 도움이 되지 않는다. 눈에 보이는 뛰어남이 있어야 한다. 가끔 드라마에서 나오는 말이지만, 실제로도 '열심히 하지 말고 잘해야' 한다.

　공공기관에서는 큰 문제가 일어나지 않으면 잘했다는 평가를 받는다. 언론에 나올 정도의 큰 민원, 큰 수익률 저하, 큰 적법성 이슈가 나오지 않으면 된다. 이전 연도 대비 비슷한 수준의 성과를 보여주는 게 모두에게 이롭다는 생각도 든다.

　대기업은 사유재산으로 만들어졌고 수익의 극대화를 목표로 한다. 공공기관은 국가 재산으로 만들어졌고 공공의 이익과 편의 증대를 목표로 한다. 태생적인 차이가 있기 때문에 옳고 그름은 없다. 역할이 다른 것이다. 본인은 어떤 업무 스타일에 어울릴지 한번 생각해 보자.

업무는 문제해결능력과 연결된다.

문제해결능력은 업무 수행 중에 발생하는 여러 문제를 창조적, 논리적, 비판적 사고를 통해 올바르게 인식하고 적절하게 해결하는 능력이다.

문제에는 발생형 문제, 탐색형 문제, 설정형 문제가 있다. 발생형 문제는 '보이는 문제'로 눈앞에 발생하여 당장 걱정하고 해결해야 하는 문제를 뜻한다. 탐색형 문제는 '찾는 문제'로 현재 상황을 개선하거나 효율을 높이기 위한 문제를 의미한다. 설정형 문제는 '미래 문제'로 장래 미래 지향적인 목표를 설정함에 따라 발생할지도 모를 문제를 말한다.

대기업에서 마주하는 문제는 '미래 문제'와 '찾는 문제'이다. 실제로 미래 사업을 기준으로 업무 방향을 세우고 재무계획을 세우는 경우가 많다. 그리고 극도의 효율을 목표로 업무가 진행된다. 철저히 자본주의 원칙하에 세워진 사기업이기 때문에 수익의 극대화, 혁신과 빠른 판단을 중시한다.

공공기관에서는 '보이는 문제'와 '찾는 문제'를 자주 만나게 된다. 공공의 이익을 제공하기 위해 국가적인 목표가 수립되면 이를 적법하고 공정하게 진행시키기 위한 노력을 해야 한다. 대부분의 업무가 반복되기 때문에 업무 효율화를 위한 노력도 많다. 국가 재산으로 만들어졌고 국민의 세금이 투입되는 만큼 투명성과 적법성이 무엇보다 중요하다.

NCS 3. 경영기획

모든 업무에는 목표가 있고 평가가 있다. 그런 면에서 NCS의 경영기획 직무와 연관성이 높다. 경영기획에서는 조직 전체의 경영계획 및 예산을 편성하고 점검 및 관리한다. 그리고 추후 평가 기준에 따라 분석, 정리한다.

① 분류
02. 경영 · 회계 · 사무 〉01. 기획사무 〉01. 경영기획(경영기획, 경영평가)

② 정의
01. 경영기획은 경영목표를 효과적으로 달성하기 위한 전략을 수립하고 최적의 자원을 효율적으로 배분하도록 경영진의 의사결정을 체계적으로 지원하는 업무를 말한다.
02. 경영평가는 조직의 지속적 성장을 위하여 경영목표에 따른 평가 기준을 마련하고, 일정 기간 동안 조직이 수행한 성과를 이 기준에 따라 분석 · 정리하여 보고하는 업무를 말한다.

③ 세분류 및 능력단위
01. 경영기획: 사업환경 분석, 경영방침 수립, 경영계획 수립, 신규사업 기획, 사업별 투자 관리, 예산 관리, 경영실적 분석, 경영 리스크 관리, 이해관계자 관리
02. 경영평가: 경영평가관련 정보수집, 경영평가방법 설정, 경영평가도구 개발, 경영평가활동 수행, 경영평가 결과보고, 경영평가 모니터링, 경영평가 사후 관리, 경영평가계획 수립

※ 체크리스트(경영기획 대리)

평 가 영 역		평 가 문 항	전혀 그렇지 않다.	그렇지 않은 편이다.	보통 이다.	다소 그런 편이다.	매우 그렇다.
사업 환경 분석	내부 환경 분석	경쟁사 대비 자사의 핵심역량 분석을 위해 기업의 제품과 서비스의 강점과 약점을 파악할 수 있다.	①	②	③	④	⑤
		자사의 내부 인적자원요소, 자금력, 기술력, 조직력과 같은 내부 역량분석을 할 수 있다.	①	②	③	④	⑤
		자사의 사업구조를 파악하고 집중, 진입, 유지, 퇴출과 같은 전략수행의 기준을 설정할 수 있다.	①	②	③	④	⑤
	외부 환경 분석	기업경영에 영향을 미치는 외부 환경을 글로벌 거시환경과 국내 거시환경 측면에서 파악할 수 있다.	①	②	③	④	⑤
		경쟁자를 정의하고 분류하며, 경쟁자의 강점과 약점을 정리할 수 있다.	①	②	③	④	⑤
		고객을 정의하고 분류하며, 고객의 소비패턴 변화를 파악하여 고객 구매요인과 최종 소비자의 특성을 도출할 수 있다.	①	②	③	④	⑤
	핵심 성공 요소 도출	내·외부 환경분석을 통해 시사점을 도출하여 핵심성공요소 도출을 위한 전략적 검토를 할 수 있다.	①	②	③	④	⑤
		핵심성공요소에 대한 리스트를 도출하고, 비용우위와 차별화우위의 관점에서 실천 우선순위를 제시할 수 있다.	①	②	③	④	⑤
		우선순위에 대한 핵심성공요소에 따른 전략적 목표를 도출할 수 있다.	①	②	③	④	⑤
예산 관리	예산 편성 지침 수립	경영목표에 따라 예산 편성의 기본방향을 수립할 수 있다.	①	②	③	④	⑤
		사업규모에 따라 예산의 적용 범위를 규정할 수 있다.	①	②	③	④	⑤
		사업의 분류에 따라 예산 편성 기준을 규정할 수 있다.	①	②	③	④	⑤

예산 소요 파악	예산의 규모에 따라 예산 항목별 소요 예산을 파악할 수 있다.	①	②	③	④	⑤
	예산의 목적에 따라 사업별 소요예산 을 파악할 수 있다.	①	②	③	④	⑤
	부서의 목표에 따라 부서별 소요예산 을 파악할 수 있다.	①	②	③	④	⑤
예산 조정 편성	기업의 예산 편성 지침 간의 정합성을 점검하여 예산 우선순위를 선정할 수 있다.	①	②	③	④	⑤
	부서의 예산 관리 목표치에 따라 부서 별 항목별 금액을 협의·조정할 수 있 다.	①	②	③	④	⑤

NCS 4. 회계

직장의 모든 업무에는 돈이 들어간다. 회계는 돈이 절차에 맞게 제대로 돌고 있는지 확인하는 직무이다. 회계담당은 회계정보의 적정성을 파악하기 위해 전표, 자금, 결산 등을 관리하고, 세무담당은 적법한 절차에 맞도록 세금 신고 및 관리를 한다.

① 분류
02. 경영 · 회계 · 사무 〉 03. 재무 · 회계 〉 02. 회계(회계 · 감사, 세무)

② 정의
01. 회계 · 감사는 기업 및 조직 내 · 외부에 있는 의사결정자들이 효율적인 의사
    결정을 할 수 있도록 유용한 정보를 제공하며, 제공된 회계정보의 적정성을
    파악하는 업무를 말한다.
02. 세무는 세법에 따라 과세표준 및 세액을 산출하여 과세당국에 신고 · 납부
    하고, 세법의 체계 내에서 조세부담을 최소화시키는 조세 전략 수립 및 과세
    당국의 행정처분에 대응하는 업무를 말한다.

③ 세분류 및 능력단위

01. 회계 · 감사: 전표관리, 자금관리, 원가계산, 결산처리, 회계정보시스템 운용, 회계감사, 사업결합회계, 비영리회계, 원가관리, 재무제표작성

02. 세무: 적격증빙관리, 원천징수, 부가가치세 신고, 종합소득세 신고, 지방세 신고, 기타 세무신고, 세무조사 대응, 조세불복청구, 절세방안 수립, 세무조정 준비, 법인세 신고

※ 체크리스트(회계 초급실무자)

평가영역		평가문항	전혀 그렇지 않다.	그렇지 않은 편이다.	보통 이다.	다소 그런 편이다.	매우 그렇다.
전표 관리	회계상 거래 인식	회계상 거래와 일상생활에서의 거래를 구분할 수 있다.	①	②	③	④	⑤
		회계상 거래를 구성 요소별로 파악하여 거래의 결합관계를 차변요소와 대변요소로 구분할 수 있다	①	②	③	④	⑤
		회계상 거래의 결합관계를 통해 거래 종류별로 구별할 수 있다.	①	②	③	④	⑤
		거래의 이중성에 따라서 기입된 내용의 분석을 통해 대차평균의 원리를 파악할 수 있다.	①	②	③	④	⑤
	전표 작성	회계상 거래를 현금거래 유무에 따라 사용되는 입금전표, 출금전표, 대체전표로 구분할 수 있다.	①	②	③	④	⑤
		현금의 수입거래를 파악하여 입금전표를 작성할 수 있다.	①	②	③	④	⑤
		현금의 지출거래를 파악하여 출금전표를 작성할 수 있다.	①	②	③	④	⑤
		현금의 수입과 지출이 없는 거래를 파악하여 대체전표를 작성할 수 있다.	①	②	③	④	⑤
	증빙 서류 관리	발생한 거래에 따라 필요한 관련 서류 등을 확인하여 증빙여부를 검토할 수 있다.	①	②	③	④	⑤
		발생한 거래에 따라 관련 규정을 준수하여 증빙서류를 구분·대조할 수 있다.	①	②	③	④	⑤
		증빙서류 관련 규정에 따라 제증빙자료를 관리할 수 있다.	①	②	③	④	⑤

자금 관리	현금 시재 관리	회계관련 규정에 따라 현금 입출금을 관리할 수 있다.	①	②	③	④	⑤
		회계관련 규정에 따라 소액현금 업무를 처리할 수 있다.	①	②	③	④	⑤
		회계관련 규정에 따라 입·출금전표 및 현금출납부를 작성할 수 있다.	①	②	③	④	⑤
		회계관련 규정에 따라 현금 시재를 일치시키는 작업을 할 수 있다.	①	②	③	④	⑤
	예금 관리	회계관련 규정에 따라 예·적금 업무를 처리할 수 있다.	①	②	③	④	⑤
		자금운용을 위한 예·적금 계좌를 예치기관별·종류별로 구분·관리할 수 있다.	①	②	③	④	⑤
		은행 업무시간 종료 후 회계관련 규정에 따라 은행잔고를 확인할 수 있다.	①	②	③	④	⑤

4.

제도: 연봉이 좋아? 호봉이 좋아?

"대기업 연봉 3년 새 19% 증가!"

"소비자 물가도 따라가지 못하는 공무원 임금 상승률!"

시대가 참 빠르게 바뀐다. 내가 공부하고 취업하던 10여 년 전에는 따박따박 오르는 호봉제의 선호가 더 높았다. 그런데 요즘엔 연봉제에 대한 찬양 일색이다. 둘 중에 어떤 제도가 더 좋을까?

대기업에서는 연봉을 받았고 공공기관에서는 호봉을 받고 있다. **연봉제와 호봉제는 돈의 차이는 물론 직장생활의 차이도 만든다.** 두 제도의 경험을 바탕으로 이야기해 보겠다.

연봉제는 임금을 1년 단위로 계약하는 제도로, 전년도 성과를 기준으로 임금을 정한다. 사기업에서는 대부분 연봉제를 적용하고 있다.

내가 다녔던 삼성, SK도 모두 연봉제였다. 1년에 한 번 인사팀이나 부서장과 면담을 하게 되는데, 이때 본인의 업무성과와 연봉에 대해 논하게 된다. 업무성과는 S, A, B, C, D로 구분되어 있으며 대부분은 B와 C를 받는다. 둘 다 무난하다는 뜻이다. 잘하면 A, 압도적인 성과가 있다면 S를 받는다. 치명적인 실수를 한다면 D를 받겠지만 본 적은 없다.

초봉	6,000						(단위: 만원)
평가	인상률	2년 차	3년 차	4년 차	5년 차	6년 차	차이
S	20%	7,200	8,640	10,368	12,442	14,930	–
A	15%	6,900	7,935	9,125	10,494	12,068	2,862
B	10%	6,600	7,260	7,986	8,785	9,663	5,267
C	5%	6,300	6,615	6,946	7,293	7,658	7,272

표 4. 연봉제 성과별 급여 예시

A~C는 10% 내외, S를 받으면 20% 정도의 연봉 인상 효과가 있었다. 시간이 지날수록 그 차이는 더욱 커지기 때문에 사원에서 대리가 되는 4~5년의 기간만으로도 상당한 연봉 격차가 만들어진다. 예를 들어 6천만 원으로 시작한 사원 둘 중 한 명은 계속 S를 받고 한 명은 계속 B를 받는다고 가정하면 5년 뒤 이 둘의 연봉 차이는 5천만 원이

넘는다.

이런 극명한 차이는 성취감과 불쾌감을 동시에 만든다. 성과를 위해 달리는 괴물을 만들기도 하고 많은 것을 포기한 투덜이를 만들기도 한다. 중간 정도를 받는 사람들은 중간도 되지 않을까 봐 전전긍긍한다. 결국 모든 사람이 평가에 예민해진다.

그러나 긍정적인 면으로 보면 연봉제는 개인의 의견을 존중하는 환경을 제공한다. 본인이 할 업무 목표를 세우고 그 부분을 달성하기 위해 많은 것을 수행할 수 있다. 그 과정에서 책임에 대한 부분은 크게 고민하지 않는다. 기본적인 절차를 따른다면 성과 위주로 평가를 받는다. 좋은 의견이라고 판단되면 전체적으로 빠르게 움직인다. 내가 무언가를 할 수 있다는 점에서 재미와 성취감을 크게 느낄 수 있다.

호봉제는 호봉표를 기준으로 연차에 맞춰 임금을 지급하는 제도이다. 공무원 호봉표를 보면 이해가 쉽다. 연차가 오를수록 일정한 급여가 오른다. 연봉제와 마찬가지로 업무 목표를 세우고 목표 달성을 위해 노력하지만 결과가 급여에 연결되지는 않는다. 연차가 같다면 호봉도 같다. 서로의 급여를 서로가 알고 있다. 직원 평가가 이루어지지만 대부분 예민하게 반응하지 않는다.

(월지급액, 단위 : 원)

계급 · 직무 등급 호봉	1급	2급	3급	4급 · 6등급	5급 · 5등급	6급 · 4등급	7급 · 3등급	8급 · 2등급	9급 · 1등급
1	4,367,600	3,931,900	3,547,400	3,040,400	2,717,000	2,241,500	2,050,600	1,913,400	1,877,000
2	4,520,700	4,077,800	3,678,600	3,164,500	2,826,700	2,345,700	2,125,400	1,963,000	1,897,100
3	4,677,700	4,225,600	3,813,800	3,290,700	2,940,800	2,453,200	2,209,000	2,019,800	1,925,200
4	4,838,200	4,374,800	3,949,900	3,419,800	3,059,200	2,563,100	2,302,400	2,084,300	1,961,600
5	5,002,600	4,526,100	4,088,300	3,550,700	3,180,800	2,676,300	2,408,100	2,163,600	2,006,700
6	5,169,000	4,677,600	4,228,000	3,682,900	3,304,800	2,792,600	2,516,400	2,263,400	2,061,100
7	5,337,900	4,831,100	4,369,400	3,816,200	3,430,700	2,909,300	2,625,300	2,363,500	2,133,300
8	5,508,100	4,984,400	4,511,100	3,950,200	3,558,200	3,026,300	2,735,100	2,459,900	2,220,800
9	5,680,900	5,138,700	4,654,000	4,084,700	3,686,100	3,143,700	2,839,500	2,551,700	2,304,500
10	5,854,600	5,292,900	4,796,800	4,219,000	3,814,900	3,253,800	2,939,100	2,638,700	2,385,100
11	6,027,900	5,447,900	4,939,900	4,354,500	3,935,300	3,358,200	3,033,100	2,722,800	2,461,800
12	6,207,100	5,608,200	5,088,200	4,482,000	4,051,400	3,461,000	3,125,400	2,805,000	2,538,300
13	6,387,300	5,769,400	5,226,000	4,601,200	4,161,600	3,557,700	3,213,100	2,884,000	2,611,500
14	6,568,000	5,915,400	5,354,000	4,712,500	4,264,300	3,649,000	3,296,800	2,959,600	2,682,600
15	6,725,800	6,050,000	5,471,900	4,817,300	4,361,400	3,736,800	3,376,900	3,032,100	2,750,600
16	6,866,100	6,173,300	5,581,800	4,916,200	4,452,700	3,819,000	3,452,500	3,102,200	2,816,300
17	6,990,400	6,286,800	5,684,000	5,008,000	4,538,600	3,897,500	3,525,200	3,167,600	2,880,600
18	7,101,100	6,390,600	5,779,000	5,093,700	4,619,700	3,971,700	3,594,700	3,230,900	2,940,300
19	7,200,200	6,486,500	5,866,800	5,173,800	4,696,100	4,042,100	3,660,200	3,291,800	2,999,200
20	7,289,100	6,573,900	5,949,100	5,248,600	4,767,800	4,108,300	3,722,500	3,349,800	3,055,200
21	7,371,000	6,653,900	6,025,300	5,318,500	4,835,100	4,172,000	3,782,000	3,405,200	3,108,200
22	7,443,900	6,727,300	6,095,800	5,384,100	4,898,400	4,231,900	3,838,100	3,458,400	3,158,900
23	7,505,600	6,794,400	6,160,900	5,445,700	4,958,200	4,288,100	3,892,500	3,509,000	3,207,400
24		6,849,300	6,221,800	5,503,800	5,014,000	4,341,700	3,944,000	3,557,900	3,253,900
25		6,901,700	6,271,600	5,556,800	5,066,800	4,392,600	3,992,800	3,604,300	3,298,200
26			6,319,300	5,601,800	5,116,500	4,440,800	4,039,700	3,649,200	3,338,300
27			6,363,500	5,643,200	5,157,800	4,486,500	4,079,200	3,686,700	3,372,800
28				5,682,900	5,197,400	4,524,900	4,116,100	3,722,800	3,406,000
29					5,233,800	4,560,700	4,151,800	3,757,000	3,438,100
30					5,269,100	4,596,200	4,185,900	3,790,000	3,469,200
31						4,629,000	4,217,900	3,822,100	3,499,900
32						4,660,000			

표 5. 2024년 일반직공무원과 일반직에 준하는 특정직 및 별정직 공무원 등의 봉급표
(출처: 인사혁신처, https://www.mpm.go.kr/)

하지만 호봉표 내의 호봉상승률은 아주 낮다. 공무원 호봉표의 연차별 기본급 차이는 몇 만 원 정도에 불과하다. 매년 호봉표 전체가 갱신되지만, 기본적으로 공무원 임금인상률 자체가 낮다. 최근 5년간 공무원 임금인상률은 0.9%, 1.4%, 1.7%, 2.5%, 3.0%이다. 이를 계산해 보면, 결국 총 임금상승률은 1년에 5~10%이다.

급여의 변동이 낮고 동료 간의 큰 차이가 없는 만큼, 성과를 위해 매달리는 분위기는 없다. 그런 이유로 업무의 난이도와 양에 대해 굉장히 예민해진다. 뻔히 같은 급여를 받는데 그 누구도 어려운 일을 하고 싶어 하지 않는다. 특히 민원과 관련된 일이라면 필사적으로 피하고자 한다. 가능한 한 문제를 일으키지 않고 징계 없이 호봉 한 칸이 무사히 오르기를 바라는 사람이 많아진다.

사실 연봉과 호봉의 선호는 의미가 없다. 어느 제도를 적용받더라도 본인 직장의 방식에 불만이 더 많다. 과도한 성과 위주의 연봉제에 지치는 사람도 있고, 열심히 해도 물가상승률을 감당하지 못하는 호봉제의 낮은 성장률에 좌절하는 사람도 있다.

연봉제가 어울리는 사람은 자신의 목표를 위해 공격적으로 추진할 수 있는 사람이다. 직장 내에 좋아하는 직무가 있고 그 분야에서 성과를 내고자 한다면 연봉제와 궁합이 좋다. 연봉제 안에서는 별도의 투자 리스크 없이, 좋은 평가만 받아도 자산이 금방 늘어날 것이다.

호봉제가 어울리는 사람은 맡은 바 업무에 충실할 수 있는 사람이다. 법, 규정, 과거와 현재의 문서를 꼼꼼하게 살펴봐야 한다. 차분한 성격의 사람은 호봉도 차근차근 쌓아나가며 안정적인 재무관리를 할 수 있을 것이다.

월급은 결국 자기관리의 영역이다. 목표 달성을 위한 무기로 생각하고 소중하게 여겨야 한다. 적은 월급이라도 잘 활용해서 부자가 된 케이스를 부지기수로 봤다.

월급쟁이 부자에 관한 책이나 유튜브를 찾아보자. 솔직히 어떤 제도 하에서도 직장은 우리가 만족할 수 있을 만큼의 보상을 절대 주지 않는다. 내 사업을 하지 않는 이상, 직장의 장이 되더라도 일개 월급쟁이일 뿐이다. 연봉과 호봉의 장단점을 가려내고자 힘쓰기보다는 각 제도 속에서 투자와 행복을 최대한으로 달성할 수 있는 방법을 고민해 보는 것이 훨씬 더 의미 있다.

돈을 모으고 관리하는 분야는 직무를 떠나 개인적으로도 굉장히 중요한 역량이며 자원관리능력과 관련이 깊다.

자원관리능력은 직업생활에서 시간, 예산, 물적자원, 인적자원 등의 자원 가운데 무엇이 얼마나 필요한지를 확인하고, 사용할 수 있는 자원을 최대한 확보하여 실제 업무에 어떻게 활용할 것인지 계획을 수립하고, 계획에 따라 업무 수행에 이를 할당하는 능력이다.

자원은 유한하고 필요한 곳은 무한하다. 직장에서 말하는 자원은 시간, 예산, 물적자원, 인적자원이다. 무엇 하나 중요하지 않은 것이 없다. 이 소중한 자원을 낭비하게끔 만드는 요인으로는 비 계획적 행동, 편리성 추구, 자원에 대한 인식 부재, 노하우 부족을 들 수 있다.

부정적인 요인을 줄이고 효과적으로 자원 관리를 하기 위해서는 적절한 단계를 거치게 만들어야 한다. 자원 관리의 기본 과정은 ① 필요한 자원의 종류와 양 확인하기, ② 이용 가능한 자원 수집하기, ③ 자원 활용계획 세우기, ④ 계획대로 수행하기이다. 여러분이 예산관리업무를 맡는다면 1년 365일 고민하게 될 항목들이다.

대기업에서는 자원 활용계획과 수행이 중요하다. 미래지향적인 업무 특성상 목표를 확실히 정하고 이를 적극적으로 수행해야 한다. 전년 수준의 목표는 있을 수 없는 일이다. 달성 가능성이 낮더라도 높은 목표를 정하고 목표를 향해 필사적으로 달리게끔 만든다.

공공기관에서는 자원의 종류와 양 확인, 그리고 자원 수집하기에 더 집중한다. 정부의 예산은 한정적이기에 이를 받아내기 위한 계획을 수립해야 한다. 이때의 계획은 대기업처럼 성과 지향적으로 만들어 낼 수 없다. 공공의 이익을 위해 균형적인 수준의 손익을 만들어야 한다. 그리고 정부 지원 사업, 민간 지원 사업에 적극적으로 지원해야 한다. 다만, 신청한 사업에 선정된다면 엄청난 양의 증빙과 보고가 수반된다는 것을 기억하자.

NCS 5. 재무

회계가 절차 및 적정성을 판단하는 직무라면, 재무는 돈을 직접 관리하는 직무이다. 돈을 조달하고 운용하고 지급하기 위한 모든 계획을 수립하고 통제하고 집행한다. 추정 재무제표 및 재무위험 관리 등을 통해 돈의 흐름에 집중하게 된다.

① 분류
02. 경영 · 회계 · 사무 〉 03. 재무 · 회계 〉 01. 재무(예산, 자금)

② 정의
01. 예산은 조직이 목표로 하는 경영 성과를 효과적으로 달성하기 위한 미래의 경영활동을 계량화하는 것으로 일정 기간 예상되는 수익과 비용을 편성하고 집행하며, 통제하는 업무를 말한다.
02. 자금은 예산계획에 따라 기업의 영업, 투자, 재무 활동을 수행할 수 있도록 필요 자금의 계획 수립, 조달, 운용을 하고 발생 가능한 위험 관리 및 성과를 평가하는 업무를 말한다.

③ 세분류 및 능력단위
01. 예산: 예산평성지침 수립, 부문예산 수립, 연간 종합예산 수립, 추정재무제표 작성, 확정 예산 운영, 예산 실적 관리, 예산 위험 관리
02. 자금: 자금계획 수립, 자금조달, 자금운용, 자금정보제공, 재무위험관리, 성과 분석

※ 체크리스트(재무 초급·중급실무자)

평가영역		평가문항	전혀 그렇지 않다.	그렇지 않은 편이다.	보통 이다.	다소 그런 편이다.	매우 그렇다.
자금 정보 제공	공시 하기	자본시장과 금융투자업에 관한 법률에 따라 공시 규정의 변경사항을 파악할 수 있다.	①	②	③	④	⑤
		공시 규정에 따라 공시에 필요한 정보를 해당 부서에 요청하여 취합할 수 있다.	①	②	③	④	⑤
		취합된 재무정보를 활용하여 공시 서류를 작성할 수 있다.	①	②	③	④	⑤
		공시 기한 및 방법에 따라 정보를 공시할 수 있다.	①	②	③	④	⑤
		공시 정보의 변경 또는 오류 발생 시 정정 공시를 할 수 있다.	①	②	③	④	⑤
	재무 정보 산출	공시 규정에 따라 재무정보 항목을 파악할 수 있다.	①	②	③	④	⑤
		재무제표를 근거로 하여 항목별 재무자료를 추출할 수 있다.	①	②	③	④	⑤
		추출된 재무자료를 이용하여 항목별 재무정보를 산출할 수 있다.	①	②	③	④	⑤
	투자 정보 지원	투자자 관리를 위하여 투자자의 요구 정보를 파악할 수 있다.	①	②	③	④	⑤
		투자자의 요구에 따라 투자 관련 정보를 제공할 수 있다.	①	②	③	④	⑤
		투자자의 추가 정보 요청 시 관련 내용을 제공할 수 있다.	①	②	③	④	⑤

평가영역		평가문항	전혀 그렇지 않다.	그렇지 않은 편이다.	보통 이다.	다소 그런 편이다.	매우 그렇다.
자금 운용	가용 자금 파악	조달된 자금에 따라 자금운용의 실행 여부를 재검토할 수 있다.	①	②	③	④	⑤
		실행이 결정된 자금에 대하여 기간별 소요자금을 산출할 수 있다.	①	②	③	④	⑤
		산출된 소요자금을 고려하여 여유자 금을 파악할 수 있다.	①	②	③	④	⑤
	자금 운용 방안 수립	파악된 여유자금에 따라 장·단기 자 금운용 기준을 수립할 수 있다.	①	②	③	④	⑤
		수립된 장·단기 자금운용 기준에 따 라 장·단기 자금운용 계획을 수립할 수 있다.	①	②	③	④	⑤
		수립된 장·단기 자금운용계획에 따 라 자금운용 일정표를 작성할 수 있 다.	①	②	③	④	⑤
	자금 집행	자금운용 일정표에 따라 지불 방법을 결정할 수 있다.	①	②	③	④	⑤
		결정된 지불 방법에 따라 자금을 집행 할 수 있다.	①	②	③	④	⑤
		집행된 자금에 대하여 결과를 확인할 수 있다.	①	②	③	④	⑤
		집행 결과 확인 후 발생된 문제점을 해결할 수 있다.	①	②	③	④	⑤

5.

사람: 100대 1을 뚫고 내 옆자리에 있다

"100대 1!"

100명 중의 1등. 반에서 1등 한 번 해보지 못했는데 무려 100명 중의 1명으로 뽑혔다. 나도 그렇고, 상사도 그렇고, 후배도 그렇다. 고르고 고른 1명인데 과연 어떤 사람들일까?

대기업이나 공공기관을 선택한 여러분의 옆에는 다음과 같은 사람들이 일하고 있다.

대기업은 성과로 말한다. 업무 처리능력으로 급여, 직급은 물론, 퇴사까지 결정된다. 근속 기간 내내 경쟁이 필연적이다. 팍팍하다고 생각하는가? 대기업에는 이 경쟁을 수용한 사람들만 남게 된다.

팀장님이 한 명 떠오른다. 당시 직급은 부장이었는데 지금은 진급했다. 대기업에서 임원을 맡고 있는 만큼 능력을 인정받은 사람이다. 그는 부서를 가리지 않고 회사의 모든 일에 관심을 가졌다. 그리고 자신이 해결하고자 했다. 상사로 만나면 괴로운 스타일인 '똑똑하고 부지런한 상사'였다. 나보다 많이 알고, 나보다 똑똑하고, 나보다 부지런했다. 교육도 회의도 꼭 직접 참석했고 PPT나 보고서도 본인이 직접 작성하곤 했다.

그런 모습 때문인지 회사 사람 대다수가 그를 어려워하고 불편해했다. 한 번은 회식 자리에서 게임을 제안했는데 서로가 서로에게 고쳐야 할 점을 말해주는 게임이었다. 내 평생 그런 게임은 보지도 듣지도 못했다. 마음 상하기 딱 좋은 게임이다. 그 게임을 시작함과 동시에 우리는 모두 업무 지적을 받았다. 그러나 누구도 대꾸하지 못했다. 그 팀장님은 실제로 모든 부분에서 솔선수범하고 있었다.

그와 대비되는 사람도 있었다. 직급은 사원이었다. 10년이 넘게 사원인 그에게 '대리'라는 호칭이 자연스럽게 붙었다. 실제 직급을 떠나 우리는 모두 'ㅇㅇ대리님'이라고 불렀다. 부서원의 개인적인 대소사에 관심 갖고 진심 어린 마음으로 챙겨주는 사람이었다. 회사 사람 대다

수가 그를 좋아했고 편안하게 여겼다.

하지만 회사에서의 평가는 직급이 말해주고 있었다. 매년 성과평가를 하는 시기가 되면 그분과 함께 있기가 괜스레 곤란해졌다. 계속해서 승진에 밀리는 그에게 기회가 돌아오지 않을 것 같았다. 최근 그분이 퇴사했다는 얘기를 들었을 때 결국 그날이 왔다는 생각이 들었다.

대기업을 떠올릴 때 가장 먼저 생각나는 둘이다. 그곳에서 사람은 상대평가의 대상이고 S, A, B, C로 구분이 된다. S, A는 한정적이기에 경쟁은 필연적이다. 모두가 모든 일에서 박차를 가한다. 아마 퇴사하는 그날에도 누가 더 퇴직금을 많이 받는지 경쟁할 것이다. 삼성에서 차장님이 내게 했던 한 마디로 대기업 사람들을 표현할 수 있다.

"대기업에 입사한다는 건 앞으로 치열한 삶을 살겠다는 다짐이다."

공공기관은 안정적인 운영이 중요하다. 놀라운 성과를 만들기보다는 큰 사고 없이 공익의 역할을 수행하고자 노력한다. 기관 자체가 잘나서지 않고 내실 다지기에 집중한다. 그런 분위기 속에서 공공기관 근무자들은 거의 나서지 않고 자신이 맡은 일에만 집중한다.

처음 입사했을 때 일화가 있다. 입사 둘째 날이었는데 나는 기관별로 수십억 원의 예산이 주어지는 정부 주관 사업 회의에 참석하기 위해 부서에서 홀로 세종으로 갔다. 당시 부서장은 나에게 출근하지 말고 바로 KTX 역으로 가라고 했다. 처음엔 내가 업무 경력이 있어서 이런 판단을 내린 건가 싶었지만 실상은 그렇지 않았다. 그냥 문화였다. 내 선임 담당자는 이미 다른 업무에 배치가 되었고 나는 입사와 동시에 정부 사업 담당자로서 실무자 회의에 참석하러 간 것이었다. KTX에서 단어도 생소한 사업 이름을 보면서 느꼈던 당혹감과 중압감은 엄청났다. 부서장이 업무를 부여할 때 개인의 숙련도나 업무의 경중을 굳이 따지지 않는다. 하지만 진행과 책임은 철저히 실무자의 몫이 된다.

내 입사 동기 한 명은 이런 문화에 시달려 퇴사를 결정했다. 입사와 함께 인사업무를 담당한 그는 제대로 된 업무인수인계도 없이 책임이 막중한 업무를 맡았다. 몇 달 동안 매일 야근을 하며 나에게 수도 없이 한풀이했다. "아무도 도와주지 않는다. 나 혼자 일하고 있다. 문제가 생길까 봐 너무 두렵다. 도저히 버틸 수가 없다. 나랑 같이 떠나자." 화를 쌓고 쌓던 그는 결국 퇴사했다. 충격적이지만 그 업무를 맡은 그다음 신규도 두 달 만에 퇴사를 했다. 그 사달이 난 이후에 해당 업무는 신규가 아닌 자에게 갔고, 이후에는 2명에게 배분되었다.

공공기관 직원들이 일을 못 하는 것은 절대 아니다. 맡은 일은 최선을 다해 해결한다. 하지만 먼저 나서지 않는다는 것도 분명한 사실이다. 어려운 일이 생기면 부서 간에 떠넘기고 개인 간 밀어낸다. 결국 힘이 약한 곳에서 어려운 일을 한다. 비슷한 조직인 공무원도 같은 문제로 골치를 겪는다.

　위의 글은 아주 극단적인 예시이다. 하지만 두 기관의 기본적인 성향을 보여준다. 실제 업무 중 마주하는 대부분의 동료는 지극히 정상적이다. 능력 있고 친절하고 배려심도 깊다. 그렇지만 좀 더 먼 거리에서 두 곳의 사람들을 비교하면 확실히 보인다. **대기업에는 '경쟁의식', 공공기관에는 '회피의식'이 저변에 깔려있다.** 두 곳 중 하나를 선택할 수 있다면 여러분은 이 점을 반드시 고려해야 한다.

꿈꾸는 직장을 위한 NCS 더하기

많은 직장인이 사람과의 관계로 고통받는데 이는 대인관계능력과 관련이 깊다.

직장에서의 일은 규모가 크고 경쟁이 심하기 때문에 어떤 업무를 해도 혼자서 하기는 어렵다. 결국 다양한 성향의 사람을 만나게 되며, 어느 정도의 갈등은 반드시 발생한다. 대인관계를 원활히 유지하는 것은 아주 중요하다.

대인관계능력의 하위능력으로 팀워크능력, 리더십능력, 갈등관리능력, 협상능력, 고객서비스능력이 있다.

대기업의 경우 팀워크능력, 리더십능력, 협상능력이 중요하다. 목표를 정하면 그에 맞는 TFT를 구성하는 경우가 많은데 수없이 많은 회의와 브레인스토밍을 하게 된다. 팀워크와 리더십이 부족하다면 어려운 상황에 자주 봉착할 것이다. 목표를 설득하고 계획을 진행하기 위해서 협상능력도 필수적이다.

공공기관의 경우 상대적으로 갈등관리능력, 고객서비스능력이 중요하다. 행정서비스 업무를 맡는다면 대부분의 업무는 민원 대응이다. 민원은 외부도 있지만 내부도 많다. 이해와 배려, 긍정적인 태도, 칭찬하고 감사하는 마음을 가져야 한다. 발생하는 갈등마다 공격적으로 대응한다면, 감정 소모에 지쳐 결국 쓰러질 것이다. 、

NCS 6. 일반 · 해외영업

영업직무에서는 사람과의 관계가 업무의 시작과 끝이라고 할 수 있다. 고객을 발굴하고 상담하고 관리하는 모든 부분에서 호의적인 분위기를 이끌어 갈 수 있어야 한다.

① 분류
10. 영업판매 〉 01. 영업 〉 01. 일반 · 해외영업

② 정의
01. 일반영업이란 이윤 창출과 고객 만족을 위하여 자사의 상품을 고객에게 판매하고 고객을 유지하는 업무를 말한다.
02. 해외 영업은 판매시장의 확대와 회사의 이익증대를 목표로 영업전략을 수립하고 실행을 통하여 회사의 상품을 해외고객에게 판매하는 업무를 말한다.

③ 세분류 및 능력단위
01. 일반영업: 영업 고객발굴, 영업제안, 영업 계약체결관리, 영업 계약이행관리, 영업 고객불만관리, 영업 고객유지관리, 영업 환경분석
02. 해외영업: 해외시장 조사, 해외영업 상품 분석, 해외마케팅 전략수립, 해외 잠재고객 발굴, 해외거래 제안, 해외고객 협상, 국제계약체결, 해외영업 계약이행 관리, 해외 클레임 처리, 해외고객 관리

※ 체크리스트(영업 숙련사원)

평가영역		평가문항	전혀 그렇지 않다.	그렇지 않은 편이다.	보통 이다.	다소 그런 편이다.	매우 그렇다.
영업 고객 발굴	고객 발굴 계획 수립	고객의 구매조건을 파악하여 자사의 대응조건을 수립할 수 있다.	①	②	③	④	⑤
		장단기 판매계획에 반영할 수 있도록 고객의 기간별 구매계획을 예상할 수 있다.	①	②	③	④	⑤
		사전 연락을 통해 고객과 상담일정을 확정하고 고객 관련 정보를 서면으로 기록하여 자료화할 수 있다.	①	②	③	④	⑤
	고객 상담 준비	고객 요구사항을 반영하여 상품선택 에 따른 고객의 이점을 설명할 수 있 다.	①	②	③	④	⑤
		고객의 구매조건에 따른 회사의 손익 을 분석할 수 있다.	①	②	③	④	⑤
		제안에 대한 고객의 거절요인을 예상 할 수 있다.	①	②	③	④	⑤
		고객 거절 상황을 예상하고 이에 대한 추가 제안을 준비할 수 있다.	①	②	③	④	⑤
		고객에게 설명할 내용을 시청각 자료 로 만들 수 있다.	①	②	③	④	⑤
	고객 상담	고객의 요구사항을 파악하기 위해 고 객의 의견을 경청하고, 준비한 상담계 획에 따라 상담을 진행할 수 있다.	①	②	③	④	⑤
		고객의 거절에 대해 적시에 설득안을 제시할 수 있다.	①	②	③	④	⑤
		주고받은 의견을 바탕으로 합의된 상 담결과를 고객과 공유할 수 있다.	①	②	③	④	⑤
	고객 상담 내용 정리	고객과 상담한 결과를 자사 기준에 따 라 일목요연하게 문서화할 수 있다.	①	②	③	④	⑤
		고객의 요구조건을 충족시키기 위하 여 유관부서와 원활한 협의를 진행할 수 있다.	①	②	③	④	⑤
		충족시키지 못하는 고객요구에 대해 추후 개선사항으로 정리해 반영할 수 있다.	①	②	③	④	⑤

영업 제안	제안 타당성 검토	상담 결과를 바탕으로 고객의 요구사항을 파악할 수 있다.	①	②	③	④	⑤
		파악한 고객의 요구사항을 고려하여 자사의 납품 가능성 및 수익에 대해 분석할 수 있다.	①	②	③	④	⑤
		제안 타당성 검토 내용을 바탕으로 고객의 요구사항에 대응하여 제안 여부를 결정할 수 있다.	①	②	③	④	⑤
	제안 조건 준비	거래 조건에 대한 장 · 단점을 분석할 수 있다.	①	②	③	④	⑤

6.

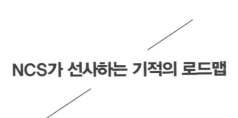

NCS가 선사하는 기적의 로드맵

노동시장은 날이 갈수록 커지고 있다. 장소는 확장되었고 사람은 다양해졌고 일하는 방식도 저마다 달라졌다. AI의 급격한 발전은 직업이라는 개념을 송두리째 바꿀 수 있다. 이런 상황에서 굳이 NCS로 사람을 평가할 필요가 있을까?

혹시 NCS 이전의 취업시장을 알고 있는가? 당시는 스펙 위주로 채용했고 학점, 토익, 자격증이 가장 중요했다. 점수는 무조건 높아야 했고 개수는 무조건 많아야 했다. 이미 900점이 넘는 토익점수를 990점으로 만들기 위해 수많은 취업준비생이 돈과 시간을 바쳐 재시험을 치렀다. 그렇게 입사한 직장에선 퇴직하는 그날까지 영어 한마디 쓰지 않는 경우가 수두룩했다.

비합리적인 취업, 노동 환경을 개선하기 위해 NCS는 구원자가 되었고 중요한 역할을 수행하고 있다. 그리고 날이 갈수록 필요성은 커지고 있다.

우선 NCS가 멈춰있는 개념이 아니라는 점을 알아야 한다. NCS는 산업의 변화에 발맞춰 진화한다. 한국산업인력공단 국가직무능력평가원에서는 NCS 개발(직무 신설, 직무 통합 · 분할 의견), NCS 개선(분류 이동 및 능력 단위 신설, 삭제, 내용 개선 등), NCS 수정(오타 및 용어 수정 의견)의 역할을 수행한다. 공단은 매년 NCS를 고시하는데, 2014년 총 797개로 시작한 NCS는 현재 1,093개까지 늘어났다. 실무와 인재를 일치시키기 위해 끊임없이 직무를 개발, 개선, 수정하고 있다.

회사 특성을 구분하여 비교해 보면 NCS의 능력을 또 확인할 수 있다. 2부에서 대기업과 공공기관이 급여, 업무, 사람, 문화가 다른 만큼 요구하는 역량도 다른 점을 볼 수 있었을 것이다. 이때의 역량은 NCS에서 표준화하여 구분했고, 개발을 위한 도구까지 마련해 놓았다. 직장이나 직무의 이름만 보고 취업해서 후회하는 나 같은 사람이 정말 많다. NCS는 그런 불일치를 줄이는 데 큰 역할을 한다.

AI 등 미래 직무에 대한 빠른 대응을 위해서도 NCS는 필요하다. 현대 사회에서 평생직장의 개념은 이미 사라졌다. 직장의 명함보다 직무 역량이 중요해지는 사회이다. 게임 등 IT업계를 예로 들 수 있다. IT업계는 노동환경이 가장 빠르게 변화하는 산업 분야이다. 이곳에서는 직무의 경험과 능력 함양에 발 빠르게 집중하는 사람들이 자유로운 이직 문화 속에서 몸값을 높이고 있다.

결국 개인이나 직장은 직무 이해, 직무별 교육 이력과 커리어 관리를 더욱 신경 써야 하며, 정부가 관리하고 공인하는 직무 능력 NCS를 적극적으로 활용해야 한다.

취업이나 커리어 관리에서 길이 보이지 않는다면 지금 바로 NCS 사이트에 접속하자. NCS가 선사하는 기적의 로드맵을 반드시 활용하자. 직무의 개념을 확장하고 명확화하는 NCS를 통해 혼란스러운 노동 환경 속에서 자신의 길을 찾아갈 수 있다.

Chapter 3

NCS,
나를
진단하다

나에게 질문을 던지는 것은 나를 파악하는 매우 효과적인 방법이다.

NCS에서는 본인의 성향 및 역량을 파악해 볼 수 있도록

직무별로 자가 진단 도구를 제공하고 있다.

知彼知己, 百戰不殆. 不知彼而知己, 一勝一負.
不知彼, 不知己. 每戰必殆.

지피지기, 백전불태. 부지피이지기, 일승일부.
부지피, 부지기, 매전필태.

적을 알고 나를 알면 백 번을 싸워도 위험하지 않다. 적을 모르되 나를 알면
한 번 이기고 한 번은 진다. 적도 모르고 나도 모르면 매번 싸움마다 위태하다.

– 손자병법 모공편 –

손자병법의 유명한 구절이다. 평생직장을 적이라고 할 수는 없지
만, 해결해야 하는 문제라고 봤을 때 상대방과 나를 아는 것은 반드시
필요하다. 그리고 지피지기의 매우 효과적인 방법으로 스스로에게 질
문하기가 있다. 나에게 질문을 던지고 답을 구해보자.

NCS에서는 본인의 성향 및 역량을 파악해 볼 수 있도록 직무별 자
가 진단 도구를 제공하고 있다. 이번 챕터에는 최근 관심도가 높아진
직무의 자가 진단 도구를 예시로 담았다. NCS 사이트에는 예시를 포
함한 세상의 거의 모든 직무 체크리스트가 있으니 관심 있는 직무를
꼭 확인하여 스스로를 진단하자.

NCS 체크리스트
바로가기

1. 사업관리 · 경영 · 회계 · 사무 · 금융 · 보험

[사업관리(프로젝트 전략 기획)]

진단영역	진단문항	전혀 그렇지 않다.	그렇지 않은 편이다.	보통이다.	다소 그런 편이다.	매우 그렇다.
프로젝트환경 분석	1. 나는 조직 내부 요인에 따라 내부 환경을 분석할 수 있다.	①	②	③	④	⑤
	2. 나는 조직 외부 요인에 따라 외부 환경을 분석할 수 있다.	①	②	③	④	⑤
	3. 나는 프로젝트 환경 분석을 통한 가정 및 전제조건을 파악할 수 있다.	①	②	③	④	⑤
	4. 나는 프로젝트 현장의 주요 투입물인 프로젝트 작업문서 및 계약 내용을 사전에 검토할 수 있다.	①	②	③	④	⑤
프로젝트 타당성 조사	1. 나는 환경 분석을 통하여 프로젝트의 기술 변화 및 동향을 파악할 수 있다.	①	②	③	④	⑤
	2. 나는 환경 분석을 통한 프로젝트의 기술적 및 경제적 타당성에 대해 조사할 수 있다.	①	②	③	④	⑤
	3. 나는 효과적인 프로젝트 선정을 위하여 규모, 복잡도, 리스크도, 분석 대상으로 정의하고, 효과적인 분석 계획을 수립할 수 있다.	①	②	③	④	⑤
	4. 나는 프로젝트 타당성 조사 결과를 바탕으로 타당성 조사 보고서를 작성할 수 있다.	①	②	③	④	⑤
비즈니스 케이스 개발	1. 나는 환경 분석 및 타당성 조사를 통해 주요 이해관계자들의 요구 사항을 파악할 수 있다.	①	②	③	④	⑤
	2. 나는 프로젝트 주요 요구 사항을 통하여 프로젝트의 추진 목적 및 전략, 범위 및 기간 등을 포함한 추진 방안을 수립할 수 있다.	①	②	③	④	⑤

3. 나는 비즈니스 관점에서 프로젝트가 필요한 투자인지 여부를 판단하는 편익을 분석할 수 있다.	①	②	③	④	⑤
4. 나는 프로젝트 추진 방안에 따른 프로젝트의 정성적, 정량적 평가 기준을 작성할 수 있다.	①	②	③	④	⑤
5. 나는 프로젝트 추진 방안, 편익 분석 결과 및 성공 기준을 통하여 비즈니스 케이스를 개발할 수 있다.	①	②	③	④	⑤

[사업관리(프로젝트 일정 관리)]

진단영역	진단문항	전혀 그렇지 않다.	그렇지 않은 편이다.	보통 이다.	다소 그런 편이다.	매우 그렇다.
활동 정의하기	1. 나는 프로젝트 목적 달성을 위해 일정에 따라 작업분류체계(WBS)의 작업을 활동 수준으로 세분화할 수 있다.	①	②	③	④	⑤
	2. 나는 프로젝트 목적 달성을 위해 세분화된 활동에 식별 코드를 부여할 수 있다.	①	②	③	④	⑤
	3. 나는 세분화된 활동에 산출물 및 자원을 연계할 수 있다.	①	②	③	④	⑤
활동순서 정하기	1. 나는 프로젝트 종료 목표에 따라 일정계획 개발을 위한 개별 활동들을 적절한 선/후행 관계를 통해 논리적으로 연결할 수 있다.	①	②	③	④	⑤
	2. 나는 일정 관리도구나 기법을 활용하여 일정 네트워크 다이어그램을 작성할 수 있다.	①	②	③	④	⑤
	3. 나는 프로젝트 특성과 제약 사항을 반영하여 작업 활동 간의 선/후행 관계를 조정할 수 있다.	①	②	③	④	⑤
활동기간 산정	1. 나는 활동별 상세 작업의 업무 특성과 설계자료 등을 고려하여 필요한 자원의 종류와 수량을 산정할 수 있다.	①	②	③	④	⑤
	2. 나는 프로젝트 활동별 투입 자원의 생산성과 과거의 경험 자료 등을 바탕으로 단위 활동별 소요시간을 산정할 수 있다.	①	②	③	④	⑤
	3. 나는 시간 제약과 자원 가용성 사이의 상충관계를 조율할 수 있다.	①	②	③	④	⑤
일정 개발	1. 나는 프로젝트를 구성하는 개별 활동들의 순서, 기간, 자원 요구 사항 및 일정상의 제약을 분석하여 최적의 일정 모델을 개발할 수 있다.	①	②	③	④	⑤

	2. 나는 일정관리 기법으로 예정일, 기간 마일스톤 및 자원과 해당 활동을 연결하여 보여주는 일정표를 작성할 수 있다.	①	②	③	④	⑤
	3. 나는 주어진 자원 내에서 프로젝트가 성공할 수 있는지 예측하고 자원 투입량 조정 및 리스크 완화를 위한 일정을 조정하여 작성할 수 있다.	①	②	③	④	⑤
일정 통제	1. 나는 일정 성과를 측정하고 비교 및 분석할 수 있다.	①	②	③	④	⑤
	2. 나는 일정 기준선으로부터 차이를 모니터링하고 평가할 수 있다.	①	②	③	④	⑤

[경영·회계·사무(경영계획 수립)]

진단영역	진단문항	전혀 그렇지 않다.	그렇지 않은 편이다.	보통 이다.	다소 그런 편이다.	매우 그렇다.
전략방향 수립하기	1. 나는 환경변화가 회사에 미치는 영 향도, 시사점을 파악하여 중장기 전략방향을 설정할 수 있다.	①	②	③	④	⑤
	2. 나는 중장기 전략방향에 따른 다양 한 전략적 선택 대안을 도출하고 각 대안별 우선순위를 정할 수 있다.	①	②	③	④	⑤
	3. 나는 중장기 전략방향에 부합하는 핵심 경영 키워드를 제시함으로써 연간 경영방침을 설정할 수 있다.	①	②	③	④	⑤
경영목표 수립하기	1. 나는 중장기 경영목표와 연간 경영 목표 수립을 위한 핵심성과지표를 설정할 수 있다.	①	②	③	④	⑤
	2. 나는 경영목표 수립을 위한 각 핵심 성과지표별 목표를 설정하고, 목표 설정의 근거를 제시할 수 있다.	①	②	③	④	⑤
	3. 나는 수립된 경영목표의 달성 수준 을 판단할 수 있는 평가계획을 수 립할 수 있다.	①	②	③	④	⑤
사업계획 수립하기	1. 나는 중장기 경영목표 달성을 위한 사업 포트폴리오를 제시할 수 있다.	①	②	③	④	⑤
	2. 나는 중장기 사업별 핵심과제를 도 출하고, 각 과제의 달성을 위한 로 드맵을 제시할 수 있다.	①	②	③	④	⑤
	3. 나는 각 사업과제의 실행력 확보를 위한 자원계획과 추진체계를 설계 할 수 있다.	①	②	③	④	⑤
	4. 나는 중장기 사업계획을 합리적인 연간 사업계획 단위로 구분하여 수 립하고, 연간 사업계획을 반기 · 분 기 · 월 단위 사업계획으로 구분하 여 수립할 수 있다.	①	②	③	④	⑤

사업별 경영계획 조정	1. 나는 전사전략과 각 사업별 사업계 획의 정합성을 평가할 수 있다.	①	②	③	④	⑤
	2. 나는 사업별 경영계획 이슈를 파악 하고 자원배분을 재조정할 수 있다.	①	②	③	④	⑤
	3. 나는 사업별 경영계획을 조정에 필 요한 경영진과 사업 부서 간의 원 활한 의사소통을 위해 상호 의견을 조율할 수 있다.	①	②	③	④	⑤

[경영·회계·사무(마케팅 전략 계획 수립)]

진단 영역	진단 문항	전혀 그렇지 않다.	그렇지 않은 편이다.	보통 이다.	다소 그런 편이다.	매우 그렇다.
마케팅 목표 설정	1. 나는 전기 마케팅 성과 분석 결과에 따라 해당 연도 실행 개선 사항을 도출할 수 있다.	①	②	③	④	⑤
	2. 나는 시장 및 경쟁 상황을 파악하기 위하여 내·외부 환경을 분석할 수 있다.	①	②	③	④	⑤
	3. 나는 내·외부 환경을 고려하여 정량적·정성적 마케팅 목표를 설정할 수 있다.	①	②	③	④	⑤
중·장기 전략 수립	1. 나는 기업의 비전과 미션에 따라 중·장기 사업 목표를 도출할 수 있다.	①	②	③	④	⑤
	2. 나는 중·장기 사업 목표에 따라 중·장기 마케팅 방향을 설정할 수 있다.	①	②	③	④	⑤
	3. 나는 사업 목표와 마케팅 방향을 고려하여 전략 과제를 도출할 수 있다.	①	②	③	④	⑤
	4. 나는 도출된 전략 과제 달성을 위한 중·장기 전략을 수립할 수 있다.	①	②	③	④	⑤
마케팅 실행계획 수립	1. 나는 설정된 마케팅 목표에 따라 핵심 성공 요인을 도출할 수 있다.	①	②	③	④	⑤
	2. 나는 핵심 성공 요인에 따라 실행 방안을 수립할 수 있다.	①	②	③	④	⑤
	3. 나는 마케팅 실행을 위한 물적·인적 자원 계획을 수립할 수 있다.	①	②	③	④	⑤
	4. 나는 마케팅 목표에 따라 통합적 마케팅 커뮤니케이션 실행 계획을 수립할 수 있다.	①	②	③	④	⑤
	5. 나는 마케팅 실행 성과를 관리하기 위하여 성과지표를 수립할 수 있다.	①	②	③	④	⑤

[경영·회계·사무(사무행정 업무 관리)]

진단영역	진단문항	전혀 그렇지 않다.	그렇지 않은 편이다.	보통 이다.	다소 그런 편이다.	매우 그렇다.
업무 접수	1. 나는 다양한 수단을 통하여 외부로부터의 요청사항을 접수할 수 있다.	①	②	③	④	⑤
	2. 나는 요청사항 접수 후 업무 범위를 명확하게 구분할 수 있다.	①	②	③	④	⑤
	3. 나는 업무 범위에 따라 필요한 협조 내용을 파악할 수 있다.	①	②	③	④	⑤
	4. 나는 직제 규정이나 업무 분장 내용에 따라 해당 담당자에게 업무를 전달할 수 있다.	①	②	③	④	⑤
업무 지원	1. 나는 부서 구성원의 요청사항에 맞게 업무를 처리할 수 있다.	①	②	③	④	⑤
	2. 나는 요청받은 업무에 수정사항이 발생한 경우 요청자와의 협의를 통해 수정 내용을 업무 담당자에게 전달할 수 있다.	①	②	③	④	⑤
	3. 나는 요청자에게 업무 처리 결과를 회신하여 그 결과를 확인할 수 있다.	①	②	③	④	⑤
	4. 나는 공지 게시 기준에 따라 업무 처리 결과를 지정된 장소에 공지할 수 있다.	①	②	③	④	⑤
부서 일정 관리	1. 나는 부서의 업무일정을 관리하기 위해 구성원들에게 개인의 일정을 요청할 수 있다.	①	②	③	④	⑤
	2. 나는 추후 변동 사항을 반영하여 일정을 조율할 수 있다.	①	②	③	④	⑤
	3. 나는 조정된 개인 일정을 토대로 최종 일정을 확정할 수 있다.	①	②	③	④	⑤
	4. 나는 업무 규정에 따라 확정된 최종 일정을 공지할 수 있다.	①	②	③	④	⑤

경비 처리	1. 나는 회사 규정에 따라 계정별·기준별로 경비사용 내역을 분류할 수 있다.	①	②	③	④	⑤
	2. 나는 경비 내역별 필요 증빙서류에 근거하여 사용 경비내역을 작성할 수 있다.	①	②	③	④	⑤
	3. 나는 예산 현황 파악을 위해 항목별 예산내역·지출내역을 분석할 수 있다.	①	②	③	④	⑤

[경영·회계·사무(공급망 재고 운영)]

진단 영역	진단 문 항	전혀 그렇지 않다.	그렇지 않은 편이다.	보통 이다.	다소 그런 편이다.	매우 그렇다.
자재수불 관리	1. 나는 재고 최적화 계획에 따라 자재 입고관리 계획을 수립할 수 있다.	①	②	③	④	⑤
	2. 나는 자재입고 계획에 따라 검수계 획을 수립할 수 있다.	①	②	③	④	⑤
	3. 나는 자재입고 수량과 정보수량을 확인할 수 있다.	①	②	③	④	⑤
	4. 나는 자재출고 계획을 수립하고, 필 요수량을 확인할 수 있다.	①	②	③	④	⑤
	5. 나는 자재출고 계획에 따라 생산요 청에 따라 불출할 수 있다.	①	②	③	④	⑤
창고 운영	1. 나는 배분된 재고량 및 수불 빈도에 따라 재고의 로케이션을 관리할 수 있다.	①	②	③	④	⑤
	2. 나는 재고 보충 계획에 따라 재고를 입고할 수 있다.	①	②	③	④	⑤
	3. 나는 재고 입고 지시에 따라 재고 를 적치할 수 있다.	①	②	③	④	⑤
	4. 나는 재고 출고 지시에 따라 재고 를 출고할 수 있다.	①	②	③	④	⑤
	5. 나는 재고 이동 지시에 따라 재고 를 이동할 수 있다.	①	②	③	④	⑤
	6. 나는 정기적 · 부정기적으로 재고 실사를 할 수 있다.	①	②	③	④	⑤
	7. 나는 악성재고 · 장기재고 등을 관 리할 수 있다.	①	②	③	④	⑤

안전/적정재고 관리	1. 나는 재고 배분을 위한 근거데이터 (과거 실적, 행사 등)에 의해 안전재 고·적정 재고를 파악할 수 있다.	①	②	③	④	⑤
	2. 나는 재고 최적화 계획에 따라 재고 보충 주기와 보충량을 파악할 수 있 다.	①	②	③	④	⑤
	3. 나는 재고 보충 발주 주문을 낼 수 있다.	①	②	③	④	⑤
	4. 나는 재고 이상 유무에 대한 필요 한 조치를 취할 수 있다.	①	②	③	④	⑤

[금융·보험(영업고객발굴)]

진단영역	진단문항	전혀 그렇지 않다.	그렇지 않은 편이다.	보통 이다.	다소 그런 편이다.	매우 그렇다.
고객 발굴계획 수립	1. 나는 고객의 구매조건을 파악하여 자사의 대응조건을 수립할 수 있다.	①	②	③	④	⑤
	2. 나는 장단기 판매계획에 반영할 수 있도록 고객의 기간별 구매계획을 예상할 수 있다.	①	②	③	④	⑤
	3. 나는 사전 연락을 통해 고객과 상담일정을 확정하고 고객 관련 정보를 서면으로 기록하여 자료화할 수 있다.	①	②	③	④	⑤
고객상담 준비	1. 나는 고객 요구사항을 반영하여 상품선택에 따른 고객의 이점을 설명할 수 있다.	①	②	③	④	⑤
	2. 나는 고객의 구매조건에 따른 회사의 손익을 분석할 수 있다.	①	②	③	④	⑤
	3. 나는 제안에 대한 고객의 거절요인을 예상할 수 있다.	①	②	③	④	⑤
	4. 나는 고객 거절 상황을 예상하고 이에 대한 추가 제안을 준비할 수 있다.	①	②	③	④	⑤
	5. 나는 고객에게 설명할 내용을 시청각 자료로 만들 수 있다.	①	②	③	④	⑤
고객상담	1. 나는 고객의 요구사항을 파악하기 위해 고객의 의견을 경청하고, 준비한 상담계획에 따라 상담을 진행할 수 있다.	①	②	③	④	⑤
	2. 나는 고객의 거절에 대해 적시에 설득안을 제시할 수 있다.	①	②	③	④	⑤
	3. 나는 주고받은 의견을 바탕으로 합의된 상담결과를 고객과 공유할 수 있다.	①	②	③	④	⑤

고객상담 내용 정리	1. 나는 고객과 상담한 결과를 자사 기준에 따라 일목요연하게 문서화할 수 있다.	①	②	③	④	⑤
	2. 나는 고객의 요구조건을 충족시키기 위하여 유관부서와 원활한 협의를 진행할 수 있다.	①	②	③	④	⑤
	3. 나는 충족시키지 못하는 고객 요구에 대해 추후 개선사항으로 정리해 반영할 수 있다.	①	②	③	④	⑤

[금융·보험(펀드 자산배분)]

진단 영역	진단 문항	전혀 그렇지 않다.	그렇지 않은 편이다.	보통 이다.	다소 그런 편이다.	매우 그렇다.
자산군 분석하기	1. 나는 각종 데이터, 뉴스를 토대로 국내외 경제 관련 지표를 파악하여 분석할 수 있다.	①	②	③	④	⑤
	2. 나는 분석결과를 바탕으로 금융시장의 상황을 판단할 수 있다.	①	②	③	④	⑤
	3. 나는 향후 경기 순환 사이클과 금융시장 동향을 예측할 수 있다.	①	②	③	④	⑤
	4. 나는 자산군별 시장상황을 점검할 수 있다.	①	②	③	④	⑤
	5. 나는 투자대상 자산의 특성을 파악하여 자산군으로 분류할 수 있다.	①	②	③	④	⑤
자산군 선정하기	1. 나는 시장상황에 적합한 자산군을 선정할 수 있다.	①	②	③	④	⑤
	2. 나는 투자목적, 기대수익률, 변동성에 적합한 자산군을 선정할 수 있다.	①	②	③	④	⑤
	3. 나는 각 자산군별로 유형, 지역, 테마와 같은 분류기준에 따른 세부 자산군을 선정할 수 있다.	①	②	③	④	⑤
	4. 나는 펀드투자에 적합한 자산군과 세부 자산군을 선정할 수 있다.	①	②	③	④	⑤
기대수익률 변동성 추정	1. 나는 자산군, 세부 자산군별 과거 성과지표를 조사, 분석할 수 있다.	①	②	③	④	⑤
	2. 나는 자산군, 세부 자산군별 변동성을 파악할 수 있다.	①	②	③	④	⑤
	3. 나는 자산군, 세부 자산군별 성과와 변동성 요인, 경제환경 전망을 조합하여 기대수익률, 변동성을 추정할 수 있다.	①	②	③	④	⑤
	4. 나는 자산군, 세부 자산군 간의 상관계수를 추정할 수 있다.	①	②	③	④	⑤

	1. 나는 자산군, 세부 자산군별 기대수익률이 주어졌을 때 전체 포트폴리오의 기대수익률을 추정할 수 있다.	①	②	③	④	⑤
자산배분비율 정하기	2. 나는 자산군, 세부 자산군별 변동성이 주어졌을 때 전체 포트폴리오의 변동성을 추정할 수 있다.	①	②	③	④	⑤
	3. 나는 추정된 기대수익률, 변동성을 활용하여 투자목적을 충족할 수 있는 자산군, 세부 자산군별 배분비율을 정할 수 있다.	①	②	③	④	⑤

2. 교육 · 문화 · 예술 · 디자인 · 방송

[교육(교육과정 운영)]

진단영역	진단문항	전혀 그렇지 않다.	그렇지 않은 편이다.	보통 이다.	다소 그런 편이다.	매우 그렇다.
교육과정 운영 계획 수립	1. 나는 교육과정을 검토하여 과정운 영에 필요한 과제, 절차, 방법, 일정, 예산을 판단할 수 있다.	①	②	③	④	⑤
	2. 나는 교육과정 검토결과를 근거로 교육과정 운영 계획안을 구상할 수 있다.	①	②	③	④	⑤
	3. 나는 교육과정 운영계획서를 계획 서의 구성요소에 의거하여 작성할 수 있다.	①	②	③	④	⑤
	4. 나는 교육과정 운영계획을 근거로 교육운영에 필요한 준비사항과 준 비물 체크리스트를 작성할 수 있다.	①	②	③	④	⑤
교육과정 준비	1. 나는 학습 대상자에게 교육과정의 선택과 이수에 필요한 내용을 안내 할 수 있다.	①	②	③	④	⑤
	2. 나는 교육과정 운영에 필요한 안내, 의뢰, 협조 문서를 작성하여 관계자 에게 발송할 수 있다.	①	②	③	④	⑤
	3. 나는 교육과정에 적합한 교수자를 선정, 섭외하여 출강 준비를 지원할 수 있다.	①	②	③	④	⑤
	4. 나는 교육과정 운영에 필요한 각종 준비물과 준비사항을 운영계획과 체크리스트에 의거하여 준비할 수 있다.	①	②	③	④	⑤
	5. 나는 교육과정 운영상 필요한 고용 보험 인 · 지정 신청업무를 수행할 수 있다.	①	②	③	④	⑤

교육과정 진행	1. 나는 교육 입과 전에 학습자가 수행하여야 할 준비활동과 선행학습을 차질 없이 수행할 수 있도록 교육과정 운영계획에 의거하여 관리할 수 있다.	①	②	③	④	⑤
	2. 나는 교육과정 운영 과정을 파악하여 일차·과목별로 과정 안내를 수행하고 학습자의 질문에 대응할 수 있다.	①	②	③	④	⑤
	3. 나는 학습의 흐름·콘텐츠·교수활동·교수매체·학습환경의 상황을 교육과정의 개발 목표와 설계 구조에 의거하여 모니터링할 수 있다.	①	②	③	④	⑤
	4. 나는 교육과정 운영 과정에서 학습분위기 조성과 학습효과 촉진에 필요한 SPOT(스팟) 활동을 수행할 수 있다.	①	②	③	④	⑤
교육과정 결과보고	1. 나는 교육과정의 모니터링 결과를 분석하여 과정개발·교수활동·과정운영의 개선점을 도출할 수 있다.	①	②	③	④	⑤
	2. 나는 교육과정 운영 결과보고서를 보고서 구성요소에 의거하여 작성할 수 있다.	①	②	③	④	⑤

[교육(아이돌봄 기본업무 관리)]

진단영역	진단문항	전혀 그렇지 않다.	그렇지 않은 편이다.	보통 이다.	다소 그런 편이다.	매우 그렇다.
면접하기	1. 나는 관리기관과의 상담을 통해 고객의 요구와 기본정보를 기록할 수 있다.	①	②	③	④	⑤
	2. 나는 고객과 상의하여 면접시간과 장소를 정할 수 있다.	①	②	③	④	⑤
	3. 나는 고객과 약속한 시각에 맞춰 면접을 실시할 수 있다.	①	②	③	④	⑤
	4. 나는 관리기관에 고객과의 면접결과를 전달할 수 있다.	①	②	③	④	⑤
업무 계약하기	1. 나는 업무계약서의 서비스 내용을 확인할 수 있다.	①	②	③	④	⑤
	2. 나는 고객에게 업무계약서의 내용을 설명할 수 있다.	①	②	③	④	⑤
	3. 나는 고객과 협의하여 계약서를 작성할 수 있다.	①	②	③	④	⑤
양육자와의 면담	1. 나는 양육자를 통해 가족특성을 확인할 수 있다.	①	②	③	④	⑤
	2. 나는 양육자를 통해 아이의 특성을 확인할 수 있다.	①	②	③	④	⑤
	3. 나는 양육자를 통해 기본 요구사항을 확인하고 기록할 수 있다.	①	②	③	④	⑤
업무과정 관리	1. 나는 보호자와 상의하여 돌발상황 시의 비상연락체계를 만들 수 있다.	①	②	③	④	⑤
	2. 나는 보호자와 상의하여 육아일지 작성방법을 결정할 수 있다.	①	②	③	④	⑤
	3. 나는 작성방법에 따라 육아일지를 작성할 수 있다.	①	②	③	④	⑤
	4. 나는 양육자에게 필요한 준비물을 요청할 수 있다.	①	②	③	④	⑤
	5. 나는 아이의 상태와 일정을 고려하여 업무과정을 조정할 수 있다.	①	②	③	④	⑤

[문화·예술·디자인·방송(문화콘텐츠 분야별 계획)]

진단영역	진단문항	전혀 그렇지 않다.	그렇지 않은 편이다.	보통 이다.	다소 그런 편이다.	매우 그렇다.
분야별 조사하기	1. 나는 문화콘텐츠에 해당하는 분야의 개념을 파악하고 목록과 자료를 수집할 수 있다.	①	②	③	④	⑤
	2. 나는 문화콘텐츠 분야별 특성을 조사하고 구분할 수 있다.	①	②	③	④	⑤
	3. 나는 문화콘텐츠 분야별 시장 환경과 소비대상의 성향을 이해하고 분석할 수 있다.	①	②	③	④	⑤
설정한 분야 분석	1. 나는 설정한 문화콘텐츠 분야를 세분화하고 특징을 분석할 수 있다.	①	②	③	④	⑤
	2. 나는 설정한 문화콘텐츠 분야 이용자의 연령, 성별, 직업, 계층을 세분화하여 조사할 수 있다.	①	②	③	④	⑤
	3. 나는 설정한 문화콘텐츠의 소재와 주제를 조사하고 분석할 수 있다.	①	②	③	④	⑤
분야별 계획하기	1. 나는 소비대상에 맞는 소재와 주제를 선정할 수 있다.	①	②	③	④	⑤
	2. 나는 선정된 소재와 관련된 자료를 검색하고 수집, 분류할 수 있다.	①	②	③	④	⑤
	3. 나는 해당 분야의 유사 작품을 조사해서 장단점을 파악하고 세부기획을 제시할 수 있다.	①	②	③	④	⑤

[문화·예술·디자인·방송(방송콘텐츠 데이터 관리)]

진단영역	진단문항	전혀 그렇지 않다.	그렇지 않은 편이다.	보통 이다.	다소 그런 편이다.	매우 그렇다.
방송콘텐츠 원본 관리	1. 나는 서비스 플랫폼 특성에 따라 이용 가능한 콘텐츠 소재를 구별하여 주고받을 수 있다.	①	②	③	④	⑤
	2. 나는 서비스 플랫폼이 콘텐츠 소재를 주고받을 수 있는 네트워크 전송 규약을 정할 수 있다.	①	②	③	④	⑤
	3. 나는 기 입수한 콘텐츠 소재를 해당 서비스 플랫폼에서 이용 가능한 포맷으로 컨버팅을 통해 변환할 수 있다.	①	②	③	④	⑤
방송콘텐츠 데이터 관리	1. 나는 서비스 특성에 따라 필요한 콘텐츠의 메타 데이터의 종류와 범위를 구성할 수 있다.	①	②	③	④	⑤
	2. 나는 콘텐츠의 내용을 파악하여 메타 데이터를 수집하여 데이터로 입력할 수 있다.	①	②	③	④	⑤
	3. 나는 데이터 형태로 저장된 콘텐츠 메타 데이터를 미디어 수용자에게 효과적으로 전달할 수 있도록 서비스 메뉴와 유저인터페이스를 기획할 수 있다.	①	②	③	④	⑤
방송 콘텐츠 상품 구성	1. 나는 방송 콘텐츠를 미디어 수용자에게 효과적으로 전달될 수 있도록 스케줄링하여 편성할 수 있다.	①	②	③	④	⑤
	2. 나는 미디어 수용자의 트렌드를 파악하여 방송 콘텐츠를 파악하고 큐레이션 할 수 있다.	①	②	③	④	⑤
	3. 나는 방송 콘텐츠 상품의 부가 가치를 높이기 위한 과금 방식을 파악하여 기획할 수 있다.	①	②	③	④	⑤

[문화·예술·디자인·방송(시안 디자인 개발 기초)]

진단 영역	진단 문항	전혀 그렇지 않다.	그렇지 않은 편이다.	보통 이다.	다소 그런 편이다.	매우 그렇다.
시안 개발계획 수립	1. 나는 시안 개발을 위하여 기초 자료를 수집·구분할 수 있다.	①	②	③	④	⑤
	2. 나는 설정된 콘셉트의 시각화를 위해 수집한 자료의 적용 및 적합 여부를 판단할 수 있다.	①	②	③	④	⑤
	3. 나는 여러 가지 시안 개발을 위하여 수집한 자료에 따른 시안 작업 방법을 계획할 수 있다.	①	②	③	④	⑤
아트웍하기	1. 나는 디자인 시안 제작을 통해 아이디어를 전개할 수 있다.	①	②	③	④	⑤
	2. 나는 디자인 소프트웨어를 활용하여 이미지 구현을 할 수 있다.	①	②	③	④	⑤
	3. 나는 디자인 콘셉트와 비주얼을 기반으로 타이포그래피를 사용할 수 있다	①	②	③	④	⑤
	4. 나는 인쇄제작과 웹 기반의 모바일 제작환경을 고려하여 색상체계를 구분하여 사용할 수 있다.	①	②	③	④	⑤
	5. 나는 색이 전달하는 이미지를 활용하여 콘셉트에 적합한 색을 배색 및 보정할 수 있다.	①	②	③	④	⑤
	6. 나는 매체와 재료의 특성에 따라 적합한 색상을 구현할 수 있다.	①	②	③	④	⑤
	7. 나는 입체물 제작 시 평면디자인 전개에서 결과물을 예상하여 제작할 수 있다	①	②	③	④	⑤
베리에이션 하기	1. 나는 의뢰 사양에 반영할 매체를 확인하고, 기본 시안과 변형 시안의 범위를 계획할 수 있다.	①	②	③	④	⑤
	2. 나는 매체별 특성을 이해하여, 다양한 레이아웃으로 시안을 표현할 수 있다.	①	②	③	④	⑤
	3. 나는 설정된 콘셉트를 유지하면서 다양한 베리에이션을 구현할 수 있다.	①	②	③	④	⑤

3. 건설 · 기계 · 화학 · 바이오

[건설(공정 계획 수립)]

진단영역	진단문항	전혀 그렇지 않다.	그렇지 않은 편이다.	보통 이다.	다소 그런 편이다.	매우 그렇다.
원가개념 반영하기	1. 나는 해당 공사의 전체 공사비 규모를 파악하여, 시공관리에 있어 필요한 공사비를 추정할 수 있다.	①	②	③	④	⑤
	2. 나는 시공관리 개별 절차에 의거 소요되는 경비와 자료를 수집 · 분석하여 추정할 수 있다.	①	②	③	④	⑤
	3. 나는 현장여건을 고려한 원가 분석을 통해 목표 원가를 결정할 수 있다.	①	②	③	④	⑤
	4. 나는 분석된 공사비 및 시공관리 절차를 검토하여 원가를 절감할 수 있는 포인트를 도출하고 이를 시공관리에 반영할 수 있다.	①	②	③	④	⑤
	5. 나는 도출된 원가절감 내역을 분석하여 구체적이고 실질적인 집행이 되도록 작성할 수 있다.	①	②	③	④	⑤
	6. 나는 원가를 기준으로 공사비를 평가할 수 있는 척도를 개발할 수 있다.	①	②	③	④	⑤
공정관리 고려사항 파악 하기	1. 나는 공사담당자와 협의하여 시공의 기본계획이 되는 주요 공정의 시공법 및 개략공정을 결정할 수 있다.	①	②	③	④	⑤
	2. 나는 계약문서를 검토하여 공정관리 고려사항을 도출할 수 있다.	①	②	③	④	⑤
	3. 나는 발주처 담당자와 협의하여 공정표 작성, 공정관리 업무진행 요구사항을 확정할 수 있다.	①	②	③	④	⑤

공정관리 목표 설정하기	1. 나는 공정관리의 방향은 3M을 가장 효율적으로 배치·운영하여 공기 내 최소의 비용으로 최대의 효과를 얻을 수 있도록 제시할 수 있다.	①	②	③	④	⑤
	2. 나는 공정을 체계화하여 소요 공기의 엄수 또는 단축을 도모할 수 있다.	①	②	③	④	⑤
	3. 나는 일정계획이나 작업분배의 적정화를 도모하여 생산성을 높일 수 있다.	①	②	③	④	⑤
	4. 나는 시공방법을 개선하고 효율적인 시공계획을 수립, 실행하여 능률의 향상을 도모할 수 있다.	①	②	③	④	⑤
	5. 나는 현장 소장 등 공사 담당자와 협의하여 목적물의 공기 내 달성을 위한 공정관리 방향 및 목표를 설정할 수 있다.	①	②	③	④	⑤
마일스톤 설정하기	1. 나는 계약문서를 분석하여 공사완료일, 중간완료일 등 계약내용에 따라 지켜야 할 마일스톤을 작성할 수 있다.	①	②	③	④	⑤

[건설(플랜트기계설비 설치작업)]

진단영역	진단문항	전혀 그렇지 않다.	그렇지 않은 편이다.	보통 이다.	다소 그런 편이다.	매우 그렇다.
설치기초 점검하기	1. 나는 설치 도면에 따라 설치장비, 구조물의 위치 높이, 중량, 기준점, 수평도 등을 확인할 수 있다.	①	②	③	④	⑤
	2. 나는 바닥 기초공사는 기초도면과 사양에 따라 구조물과 설치장비의 안전 하중에 대한 지지력을 판단할 수 있다.	①	②	③	④	⑤
	3. 나는 유틸리티, 부속설비 설치조건에 따라 현장의 장애요인 여부를 사전에 확인할 수 있다.	①	②	③	④	⑤
	4. 나는 설치장비의 제원에 따라 진출입과 작업 반경에 장애 없이 인양, 설치, 작업이 가능한지 확인할 수 있다.	①	②	③	④	⑤
	5. 나는 설치장비에 따라 시공장비의 제원을 확보하여 적정하게 대응할 수 있다.	①	②	③	④	⑤
	6. 나는 설비의 점검요소에 대한 점검 결과에 대하여 검토할 수 있다.	①	②	③	④	⑤
	7. 나는 설비에서 확인된 점검 결과에 대해서 개선요청서를 작성할 수 있다.	①	②	③	④	⑤
기자재 운반하기	1. 나는 중량과 크기 등에 따라 상·하차할 수 있는 장비를 선택할 수 있다.	①	②	③	④	⑤
	2. 나는 상·하차 조건에 따라 진출입로와 작업공간을 확인할 수 있다.	①	②	③	④	⑤
	3. 나는 상·하차 시 장비의 안전성을 확보할 수 있도록 설치될 장소를 확인할 수 있다.	①	②	③	④	⑤
	4. 나는 장비 사양에 따라 설치지역의 장비 진입 가능성 여부를 확인하고, 이상 발생 시 조치할 수 있다.	①	②	③	④	⑤

5. 나는 기자재 운반 상황에 따라 설치지역 내 위험요소를 확인할 수 있다.	①	②	③	④	⑤
6. 나는 설비 사양에 따라 운반 절차와 방법을 선택할 수 있다.	①	②	③	④	⑤
7. 나는 기자재에 대해서 적정 시기에 공급할 수 있도록 운반설비를 선정할 수 있다.	①	②	③	④	⑤
8. 나는 선정된 운반설비에 대한 취급 설명서를 이해하고 안전하게 공급할 수 있도록 운반설비를 활용할 수 있다.	①	②	③	④	⑤
9. 나는 사용이 완료된 운반설비에 대해서 다음 운반을 위한 사용 안전성을 예방점검 할 수 있다.	①	②	③	④	⑤

[기계(설계관리)]

진단영역	진단문항	전혀 그렇지 않다.	그렇지 않은 편이다.	보통 이다.	다소 그런 편이다.	매우 그렇다.
설계도서 검토하기	1. 나는 설계단계마다 주요 검토사항이 포함된 설계도서 검토서를 작성할 수 있다.	①	②	③	④	⑤
	2. 나는 작성된 설계도서의 체크리스트에 따라 검토서를 작성할 수 있다.	①	②	③	④	⑤
	3. 나는 설계도서 검토서에 따라 수정 및 재작업을 할 수 있다.	①	②	③	④	⑤
	4. 나는 도출된 내용을 참여 관계자에게 알림과 교육을 통해 보완할 수 있다.	①	②	③	④	⑤
설계도서 관리하기	1. 나는 설계도서에 대한 기술적 업무 수행과 이력관리를 할 수 있다.	①	②	③	④	⑤
	2. 나는 도서관리 기준서에 따라 설계도서를 관리할 수 있다.	①	②	③	④	⑤
	3. 나는 설계도서별로 관리번호를 부여할 수 있다.	①	②	③	④	⑤
	4. 나는 설계 도면을 전산 관리하고 보안을 유지할 수 있다.	①	②	③	④	⑤
설계일정 관리하기	1. 나는 설계 단계별 일정, 인원, 예산, 인증 검토를 포함하여 설계종합계획서를 작성하여 관리할 수 있다.	①	②	③	④	⑤
	2. 나는 설계 단계별 성과품 목록과 조직표를 검토하여 단계별 성과품 작성 계획서를 작성할 수 있다.	①	②	③	④	⑤
	3. 나는 설계종합계획서와 협의일정표에 따라 설계일정 계획서를 작성할 수 있다.	①	②	③	④	⑤
	4. 나는 설계 변경요소가 있을 경우 만회대책, 투입인원 재검토를 통한 설계일정계획을 수정하여 적용할 수 있다.	①	②	③	④	⑤

개선계획 수립하기	1. 나는 설계계획 수립과 실행에 따른 문제점을 파악하여 평가서를 작성할 수 있다.	①	②	③	④	⑤
	2. 나는 설계일정계획서와 평가서를 바탕으로 기술력 향상을 위해 교육 및 훈련을 실시할 수 있다.	①	②	③	④	⑤
	3. 나는 설계의 경제성 검토과정에서 준비단계, 분석단계, 사후평가단계, 개선계획수립단계별로 경제성 검토를 수행할 수 있다.	①	②	③	④	⑤

[기계(자동차 물류설계)]

진단 영역	진단 문항	전혀 그렇지 않다.	그렇지 않은 편이다.	보통 이다.	다소 그런 편이다.	매우 그렇다.
조달물류 계획하기	1. 나는 설계도면에 따라 자체생산 부품과 협력사생산 부품을 구분할 수 있다.	①	②	③	④	⑤
	2. 나는 협력사 생산부품의 차체, 도장, 조립공장의 설비특성에 따라 공급방식을 결정할 수 있다.	①	②	③	④	⑤
	3. 나는 협력사 부품을 자동차공장 생산라인 운영방식에 따라 서열부품과 불출부품으로 구분할 수 있다.	①	②	③	④	⑤
	4. 나는 부품 특성에 따라 납입용기(팔레트, 스키드), 운반수단, 상하역장비, 납품주기를 결정할 수 있다.	①	②	③	④	⑤
	5. 나는 공장에 입고되는 물동량을 계산하여 부품 출입문의 위치와 수를 결정할 수 있다.	①	②	③	④	⑤
	6. 나는 부품의 사용위치와 양에 따라 부품보관장, 공용기보관장 위치와 면적을 결정할 수 있다.	①	②	③	④	⑤
생산물류 계획하기	1. 나는 프레스, 차체, 도장, 조립공장 레이아웃에 따라 공장 간 물류흐름을 최적으로 계획할 수 있다.	①	②	③	④	⑤
	2. 나는 생산방식과 생산속도에 따라 공장 간 또는 공정 간 적정 버퍼를 결정할 수 있다.	①	②	③	④	⑤
	3. 나는 각 공장의 설비와 조립공법에 따라 부품공급 방식, 공급주기를 최적화할 수 있다.	①	②	③	④	⑤
	4. 나는 공장 내부로 부품을 이동하는 장비규격과 필요수량 및 운행방향을 결정할 수 있다.	①	②	③	④	⑤
	5. 나는 부품보관 용기에 따라 라인사이드에 부품을 보관하는 적재랙과 팔레트를 설계할 수 있다.	①	②	③	④	⑤

		①	②	③	④	⑤
	6. 나는 공장 운영계획과 부품공급 방식에 따라 물류관리 인원을 산출할 수 있다.	①	②	③	④	⑤
완성품 물류 계획하기	1. 나는 공장 레이아웃과 수송물류계획에 따라 완성품 보관위치를 결정할 수 있다.	①	②	③	④	⑤
	2. 나는 일일생산량과 공장 내 보유일수 기준에 따라 보관에 필요한 면적을 산출할 수 있다.	①	②	③	④	⑤
	3. 나는 출하지역과 방법에 따라 완성품 상차위치와 수송수단을 결정할 수 있다.	①	②	③	④	⑤
	4. 나는 일일생산량과 수송수단에 따라 필요한 장비의 수량과 운행주기를 결정할 수 있다.	①	②	③	④	⑤

[화학·바이오(유해 화학물질 분석)]

진단 영역	진단 문항	전혀 그렇지 않다.	그렇지 않은 편이다.	보통 이다.	다소 그런 편이다.	매우 그렇다.
유해 화학물질 확인하기	1. 나는 대상물질이 관련법규에 따라 유독물질, 허가물질 등 유해성 화학물질과 위해성 화학물질의 종류를 파악할 수 있다.	①	②	③	④	⑤
	2. 나는 생활화학제품 내 함유 금지물질, 함량 제한물질 등 품목별 안전기준과 표시기준을 파악할 수 있다.	①	②	③	④	⑤
	3. 나는 유해화학물질이 포함된 제품의 위해성 평가 결과를 확인할 수 있다.	①	②	③	④	⑤
	4. 나는 화학물질관리법, 생활화학제품 및 살생물제의 안전관리에 관한 법률, 화학물질 등록 및 평가에 관한 법률 등 관련 법규를 확인할 수 있다.	①	②	③	④	⑤
유해 화학물질 분석하기	1. 나는 금속류, 휘발성유기화합물 등 생활화학제품에 함유된 화학물질에 대한 표준시험절차를 파악할 수 있다.	①	②	③	④	⑤
	2. 나는 표준시험절차에 따른 금속류, 항균제, 방부제류 등 분류별 시험방법을 선정할 수 있다.	①	②	③	④	⑤
	3. 나는 생활화학제품에 함유된 화학물질에 대한 표준시험절차에 따라 제품 및 시료의 채취 및 전처리를 수행할 수 있다.	①	②	③	④	⑤
	4. 나는 표준시험절차에 정해진 시험방법에 따라 분석기기를 선택 사용하여 유해화학물질을 분석할 수 있다.	①	②	③	④	⑤
유해 화학물질 분석데이터 확인하기	1. 나는 생활화학제품의 화학물질 정도관리를 위해 방법검출한계(Method detection limit) 및 정량한계(Minimum quantitation limit)를 계산할 수 있다.	①	②	③	④	⑤

2. 나는 표준편차, 상대표준편차를 고려하여 검정곡선 작성 및 검증할 수 있다.	①	②	③	④	⑤
3. 나는 평균값과 표준편차, 인증표준물질을 분석한 결과값과 인증값을 확보하여 정밀도 및 정확도를 측정할 수 있다.	①	②	③	④	⑤
4. 나는 방법검출한계, 정량한계, 정밀도 및 정확도를 확보하기 위해 내부정도관리(QC) 주기 및 목표를 설정할 수 있다.	①	②	③	④	⑤
5. 나는 유해화학물질 분석 데이터를 적합한 방법으로 저장, 확인, 작성, 백업, 보관할 수 있다.	①	②	③	④	⑤

[화학·바이오(환경설비관리)]

진단영역	진단문항	전혀 그렇지 않다.	그렇지 않은 편이다.	보통 이다.	다소 그런 편이다.	매우 그렇다.
환경 위해요소 파악하기	1. 나는 환경법규와 사내규정에 따라 환경오염물질의 처리 절차를 파악할 수 있다.	①	②	③	④	⑤
	2. 나는 환경오염사고의 발생 사례와 현장점검을 통해 위해요소를 파악할 수 있다.	①	②	③	④	⑤
	3. 나는 작업현장에서 오염물질의 취급요령과 배출기준 준수 여부를 파악할 수 있다.	①	②	③	④	⑤
	4. 나는 환경오염사고 예방을 위해 잠재 위해요소를 발굴하여 개선을 제안할 수 있다.	①	②	③	④	⑤
환경설비 운영하기	1. 나는 환경법규에 따라 설비의 종류와 특성을 파악할 수 있다.	①	②	③	④	⑤
	2. 나는 사내규정과 현장점검을 통해 환경설비의 운영현황과 절차를 파악할 수 있다.	①	②	③	④	⑤
	3. 나는 환경설비 관리규정에 따라 설비 운영 시 안전수칙과 비상조치방법을 수행할 수 있다.	①	②	③	④	⑤
	4. 나는 환경법규와 사내규정에 따라 설비를 점검 후 운전할 수 있다.	①	②	③	④	⑤
환경오염 사고시 비상조치하기	1. 나는 환경오염사고 발생 시 대응 매뉴얼에 따라 초기행동 요령을 파악하고 대응할 수 있다.	①	②	③	④	⑤
	2. 나는 필요시 환경오염사고 대응 매뉴얼에 따라 관련부서와 외부조직의 지원 · 조치를 요청할 수 있다.	①	②	③	④	⑤
	3. 나는 환경오염사고의 재발방지를 위하여 발생원인, 비상조치결과를 분석하여 개선방안을 도출할 수 있다.	①	②	③	④	⑤
	4. 나는 환경오염사고의 재발방지를 위하여 훈련과 교육을 실시할 수 있다.	①	②	③	④	⑤

[화학·바이오(바이오의약품 유틸리티관리)]

진단영역	진단문항	전혀 그렇지 않다.	그렇지 않은 편이다.	보통 이다.	다소 그런 편이다.	매우 그렇다.
공기 조화장치 관리하기	1. 나는 유틸리티관리 관련규정 및 지침에 따라 공조계통도를 작성하고 관리할 수 있다.	①	②	③	④	⑤
	2. 나는 공조설비 매뉴얼과 작업장 환경규정 등에 따라 공조기 운전지침서(SOP)를 작성할 수 있다.	①	②	③	④	⑤
	3. 나는 공조기 운전지침서에 따라 작업환경 조건과 청정도를 유지할 수 있도록 공조기를 운전할 수 있다.	①	②	③	④	⑤
제조용수 관리하기	1. 나는 유틸리티관리 관련규정 및 지침에 따라 용수계통도를 작성하고 관리할 수 있다.	①	②	③	④	⑤
	2. 나는 유틸리티관리 관련규정 및 지침에 따라 제조용수 제조설비 운전지침서를 작성할 수 있다.	①	②	③	④	⑤
	3. 나는 제조용수 제조설비 운전지침서에 따라 제조용수 제조설비를 운전할 수 있다.	①	②	③	④	⑤
가스·스팀 관리하기	1. 나는 유틸리티관리 관련규정 및 지침에 따라 가스계통도를 작성하고 관리할 수 있다.	①	②	③	④	⑤
	2. 나는 유틸리티 관리 관련 규정 및 지침에 따라 제조용 가스·스팀 제조설비 운전지침서를 작성할 수 있다.	①	②	③	④	⑤
	3. 나는 제조용 가스·스팀 제조설비 운전 지침서에 따라 제조용 가스, 스팀 제조설비를 운전할 수 있다.	①	②	③	④	⑤

4. 전기 · 전자 · 정보통신

[전기·전자(화력발전 전기설비정비)]

진 단 영 역	진 단 문 항	전혀 그렇지 않다.	그렇지 않은 편이다.	보통 이다.	다소 그런 편이다.	매우 그렇다.
발전기 정비하기	1. 나는 절차서, 도면, 작업조건을 기준으로 정비계획을 수립할 수 있다.	①	②	③	④	⑤
	2. 나는 정비절차서에 따라 발전기 분해작업을 할 수 있다.	①	②	③	④	⑤
	3. 나는 전기적 시험, 기계적 시험을 통하여 발전기의 고정자 및 회전자, 여자기, 자동전압조절기의 이상 유무를 확인할 수 있다.	①	②	③	④	⑤
	4. 나는 판정기준 및 주기교체 계획에 따라 발전기와 자동전압조정기의 구성부품을 정비, 교체할 수 있다.	①	②	③	④	⑤
	5. 나는 정비절차서에 따라 발전기 본체의 부품을 조립할 수 있다.	①	②	③	④	⑤
	6. 나는 정비절차서에 따라 발전기의 누설 여부, 소음, 진동상태를 확인할 수 있다.	①	②	③	④	⑤
	7. 나는 시험결과에 따라 발전기의 성능을 판정하고 결과를 기록, 보관할 수 있다.	①	②	③	④	⑤
변압기 정비하기	1. 나는 절차서, 도면, 작업조건을 기준으로 정비계획을 수립할 수 있다.	①	②	③	④	⑤
	2. 나는 정비절차서에 따라 변압기 냉각장치 및 각종 보호설비 등을 정비할 수 있다.	①	②	③	④	⑤
	3. 나는 정비절차서에 따라 변압기 절연유 배유, 건조공기 공급, 출입구 개방을 할 수 있다.	①	②	③	④	⑤

	4. 나는 정비절차서에 따라 변압기 내부의 차폐판 변색, 부스바 연결부 이완 상태 및 내부 부품의 이상 유무를 확인하고 결과에 따라 제작사 등에 정비를 의뢰할 수 있다.	①	②	③	④	⑤
	5. 나는 정비절차서에 따라 변압기 전기적 특성시험을 수행할 수 있다.	①	②	③	④	⑤
	6. 나는 각종 경보, 트립 회로를 시험하고 그 결과를 판정할 수 있다.	①	②	③	④	⑤
	7. 나는 시험 결과에 따라 변압기의 성능을 판정하고 결과를 기록, 보관할 수 있다.	①	②	③	④	⑤
차단기 정비하기	1. 나는 절차서, 도면, 작업조건을 기준으로 정비계획을 수립할 수 있다.	①	②	③	④	⑤
	2. 나는 정비절차서에 따라 점검을 위한 차단기 인출을 수행할 수 있다.	①	②	③	④	⑤

[전기·전자(전기공사업법 행정실무)]

진단영역	진단문항	전혀 그렇지 않다.	그렇지 않은 편이다.	보통 이다.	다소 그런 편이다.	매우 그렇다.
변경사항 신고하기	1. 나는 전기공사업법에 따른 법적 등록사항을 수시로 관리하고, 변경사항을 파악할 수 있다.	①	②	③	④	⑤
	2. 나는 법적 등록사항 변경은 법인등기부등본, 사업자등록증, 4대 보험증명서 등 등록사항 변경과 관련된 유관기관에 변경신청을 할 수 있다.	①	②	③	④	⑤
	3. 나는 법적 등록사항 변경 시 서류 및 증빙자료를 지정공사업자단체에 제출할 수 있다.	①	②	③	④	⑤
	4. 나는 등록기준신고와 관련된 법적 증빙서류를 갖추어 법적 기간내에 지정공사업자단체에 신청할 수 있다.	①	②	③	④	⑤
전기공사 시공실적 관리하기	1. 나는 전기공사 계약사항을 파악하여 전기공사 실적신고를 위한 공사를 선별할 수 있다.	①	②	③	④	⑤
	2. 나는 시공실적 사항을 기록한 법적 증명서류를 작성하여 발주처에 승인을 받을 수 있다.	①	②	③	④	⑤
	3. 나는 전기공사업법에 따라 작성된 실적증명서와 증빙서류를 취합하고 오타, 오기입 등 오류를 파악할 수 있다.	①	②	③	④	⑤
	4. 나는 법적 기한일 이내에 실적증명서와 증빙서류, 결산서를 지정공사업자단체에 제출할 수 있다.	①	②	③	④	⑤
전기공사 기술자 관리하기	1. 나는 전기공사기술자의 등급 및 경력사항에 대해 파악할 수 있다.	①	②	③	④	⑤
	2. 나는 전기공사기술자의 경력 및 등급변경을 위한 증빙자료를 취합할 수 있다.	①	②	③	④	⑤

		①	②	③	④	⑤
	3. 나는 전기공사기술자 및 시공관리 책임자 의무교육에 참여할 수 있도록 조치할 수 있다.	①	②	③	④	⑤
	4. 나는 전기공사기술자의 경력 및 등급변경 등을 위해 지정공사업자단체에 신청할 수 있다.	①	②	③	④	⑤
전기공사업 위반사항 조치하기	1. 나는 전기공사 분리발주를 위반한 입찰공고에 대하여 관련 증빙자료를 취합하여 지정기관에 통보하고 조치할 것을 요청할 수 있다.	①	②	③	④	⑤
	2. 나는 전기공사업체가 아님에도 사업장·광고물 등에 공사업자임을 표시하거나 공사업자로 오인될 우려가 있는 표시에 대하여 현장사진을 촬영하여 지정기관에 통보하고 조치할 것을 요청할 수 있다.	①	②	③	④	⑤
	3. 나는 전기공사 현장과 전기공사 완공 후 시공자, 전기공사의 내용 등 법적사항을 기재한 표지 또는 표지판을 설치할 수 있다.	①	②	③	④	⑤
	4. 나는 전기공사업법에 따른 위반사항을 사전에 파악하여 대응할 수 있다.	①	②	③	④	⑤

[전기·전자(전자부품 생산활동)]

진단 영역	진단 문항	전혀 그렇지 않다.	그렇지 않은 편이다.	보통 이다.	다소 그런 편이다.	매우 그렇다.
생산 준비하기	1. 나는 생산계획서를 토대로 생산할 전자부품과 생산일정, 생산공정 등을 파악할 수 있다.	①	②	③	④	⑤
	2. 나는 전자부품 생산을 준비하기 위하여 공정별 작업지시서와 제조공정도에 따라 필요한 생산인력, 원부자재, 보유설비 등의 자원을 파악하여 배치할 수 있다.	①	②	③	④	⑤
	3. 나는 배치된 자원을 활용하여 전자부품 생산 작업내용과 생산장비의 조작방법 등의 양산준비상태를 점검할 수 있다.	①	②	③	④	⑤
전자부품 생산하기	1. 나는 유관부서로부터 도면, 부품목록 등을 입수하여 자동화 공정 프로그램을 설치할 수 있다.	①	②	③	④	⑤
	2. 나는 설치된 프로그램에 따라 자동 삽입공정에 전자부품 소자를 투입하여 반제품을 생산할 수 있다.	①	②	③	④	⑤
	3. 나는 생산된 반제품을 양산라인으로 이송하고 작업지시서에 따라 수동부품을 삽입하여 전자부품을 생산할 수 있다.	①	②	③	④	⑤
	4. 나는 생산된 전자부품에 대하여 검사 장비를 활용하여 양·불량품을 판별할 수 있다.	①	②	③	④	⑤
생산진도 관리하기	1. 나는 생산진도를 관리하기 위하여 생산계획과 생산실적을 비교하고 생산계획 달성도를 확인할 수 있다.	①	②	③	④	⑤
	2. 나는 확인된 생산계획 달성도에 따라 생산실적 미달원인을 분석할 수 있다.	①	②	③	④	⑤

3. 나는 분석된 원인에 대하여 유관부서와 협의하고 생산인력, 원부자재, 생산장비, 생산방법 등의 개선책을 마련하여 생산진도를 관리할 수 있다.	①	②	③	④	⑤
4. 나는 생산진도를 효율적으로 관리하기 위하여 일일생산량, 불량현황 등에 대한 작업일지를 작성할 수 있다.	①	②	③	④	⑤

[정보통신(블록체인 프로토타입 개발)]

진단영역	진단문항	전혀 그렇지 않다.	그렇지 않은 편이다.	보통 이다.	다소 그런 편이다.	매우 그렇다.
프로토타입 설계하기	1. 나는 요구사항 명세서와 상세설계서를 바탕으로 프로토타입으로 개발할 블록체인 구조와 기능들을 도출할 수 있다.	①	②	③	④	⑤
	2. 나는 도출된 내용에 따라 프로토타입으로 개발할 블록체인 구조와 기능을 설계하고, 프로토타입 개발설계서를 작성할 수 있다.	①	②	③	④	⑤
	3. 나는 프로토타입 개발설계서에 명시된 구조와 기능, 인터페이스에 대해 테스트할 수 있는 테스트 케이스를 작성하고 단위 테스트를 수행하기 위한 테스트 조건을 명세화하여 테스트 계획서를 작성할 수 있다.	①	②	③	④	⑤
프로토타입 개발환경 구축하기	1. 나는 프로토타입 개발설계서를 바탕으로 블록체인 프로토타입 개발에 필요한 개발환경을 확인할 수 있다.	①	②	③	④	⑤
	2. 나는 확인된 환경에 따라 필요한 하드웨어 및 소프트웨어를 조사하여 선정할 수 있다.	①	②	③	④	⑤
	3. 나는 선정된 하드웨어 및 소프트웨어를 설치하여 개발환경을 구축할 수 있다.	①	②	③	④	⑤
프로토타입 개발하기	1. 나는 프로토타입 개발설계를 기반으로 프로그래밍 도구를 활용하여 알고리즘 프로토타입 구현에 필요한 프레임워크와 공통 모듈을 작성할 수 있다.	①	②	③	④	⑤
	2. 나는 프레임워크와 공통 모듈을 기반으로 각각의 응용분야에 맞는 API(애플리케이션 프로그래밍 인터페이스)를 개별 작성할 수 있다.	①	②	③	④	⑤

단위 기능 테스트하기	1. 나는 구현이 완료된 기능에 대해 테스트 계획서에 기반하여 단위별 테스트 항목과 테스트 방법을 도출할 수 있다.	①	②	③	④	⑤
	2. 나는 결정된 테스트 방법에 따라 해당 기능의 단위 테스트를 위한 단위 테스트 코드와 단위 테스트 프로그램을 작성할 수 있다.	①	②	③	④	⑤
	3. 나는 단위 테스트 결과에 따라 버그를 확인하고 수정할 수 있으며, 설계상 오류를 분석하여 수정 및 보완할 수 있다.	①	②	③	④	⑤

[정보통신(이동통신서비스 품질관리)]

진단영역	진단문항	전혀 그렇지 않다.	그렇지 않은 편이다.	보통이다.	다소 그런 편이다.	매우 그렇다.
품질관리 계획 수립하기	1. 나는 이동통신서비스 고객만족 품질을 유지하기 위하여 품질관리 기준을 설정할 수 있다.	①	②	③	④	⑤
	2. 나는 품질관리 기준에 따라 품질측정에 필요한 대상을 결정할 수 있다.	①	②	③	④	⑤
	3. 나는 품질관리 기준을 바탕으로 품질 관리 방안을 도출할 수 있다.	①	②	③	④	⑤
	4. 나는 이동통신서비스 품질을 보장하기 위하여 품질관리 계획을 수립할 수 있다.	①	②	③	④	⑤
서비스 품질 분석하기	1. 나는 품질관리 계획에 따라 품질검사 계획을 수립할 수 있다.	①	②	③	④	⑤
	2. 나는 품질검사 계획에 따라 품질검사를 수행할 수 있다.	①	②	③	④	⑤
	3. 나는 품질검사 결과를 토대로 품질 검사 내용을 분석할 수 있다.	①	②	③	④	⑤
서비스 품질 개선하기	1. 나는 이동통신서비스 품질분석에 따라 품질 개선 방안을 마련할 수 있다.	①	②	③	④	⑤
	2. 나는 이동통신서비스 개선 방안에 따라 서비스 품질 개선 계획을 수립할 수 있다.	①	②	③	④	⑤
	3. 나는 품질 개선 계획에 따라 서비스 품질을 개선할 수 있다.	①	②	③	④	⑤
	4. 나는 개선된 서비스 품질 내용을 서비스 계약자에게 제공할 수 있다.	①	②	③	④	⑤

5. 운전 · 운송 · 경비 · 청소

[운전·운송(화물자동차운전)]

진 단 영 역	진 단 문 항	전혀 그렇지 않다.	그렇지 않은 편이다.	보통 이다.	다소 그런 편이다.	매우 그렇다.
화물자동차 운행법규 준수하기	1. 나는 도로법, 도로교통법에 의거하여 준법운행을 할 수 있다.	①	②	③	④	⑤
	2. 나는 화물자동차운수사업법에 따라 화물차량운전자의 준수사항을 지킬 수 있다.	①	②	③	④	⑤
	3. 나는 정보망을 활용하여 차량정보를 수집하고 활용할 수 있다.	①	②	③	④	⑤
	4. 나는 화물자동차 운행수칙에 따라 화물차량운행일지를 작성하고 결과를 보고할 수 있다.	①	②	③	④	⑤
화물적재상태 확인하기	1. 나는 적재화물 점검 매뉴얼에 따라 적재물의 상태를 점검할 수 있다.	①	②	③	④	⑤
	2. 나는 운행 중 후사경을 이용하여 적재물의 안전상태를 파악할 수 있다.	①	②	③	④	⑤
	3. 나는 차량운행 도중 휴식지를 이용하여 화물 적재상태를 확인할 수 있다.	①	②	③	④	⑤
차량운전상태 확인하기	1. 나는 운행점검 매뉴얼에 따라 운행 중 계기판을 확인하여 차량상태를 파악할 수 있다.	①	②	③	④	⑤
	2. 나는 운행 중 후사경을 이용하여 주변 차량과의 안전상태를 파악할 수 있다.	①	②	③	④	⑤
	3. 나는 화물차량운행정보망을 활용하여 차량운행정보를 수집하고 활용할 수 있다.	①	②	③	④	⑤
	4. 나는 차량안전운행수칙에 따라 위험운전행동을 제어할 수 있다.	①	②	③	④	⑤

[운전·운송((철도)선로 유지 보수 계획)]

진단 영 역	진단 문 항	전혀 그렇지 않다.	그렇지 않은 편이다.	보통 이다.	다소 그런 편이다.	매우 그렇다.
궤도 유지보수 계획 수립하기	1. 나는 궤도 유지보수에 대한 정기·수시 계획을 수립할 수 있다.	①	②	③	④	⑤
	2. 나는 가용자원과 공정을 고려하여 정기·수시 업무를 적정하게 배분할 수 있다.	①	②	③	④	⑤
	3. 나는 궤도 유지보수에 소요되는 가용자원을 산출할 수 있다.	①	②	③	④	⑤
구조물 유지보수 계획 수립하기	1. 나는 구조물 유지보수에 대한 정기·수시 계획을 수립할 수 있다.	①	②	③	④	⑤
	2. 나는 가용자원과 공정을 고려하여 정기·수시 업무를 적정하게 배분할 수 있다.	①	②	③	④	⑤
	3. 나는 구조물 유지보수에 소요되는 가용자원을 산출할 수 있다.	①	②	③	④	⑤
보선장비 운용 계획 수립하기	1. 나는 보선장비 활용에 대한 정기·수시 계획을 수립할 수 있다.	①	②	③	④	⑤
	2. 나는 보선장비를 포함한 가용자원과 공정을 고려하여 정기·수시 업무를 적정하게 배분할 수 있다.	①	②	③	④	⑤
	3. 나는 보선장비 운영에 소요되는 가용자원을 산출할 수 있다.	①	②	③	④	⑤
기타시설물 유지보수 계획 수립하기	1. 나는 기타 시설물 유지보수에 대한 정기·수시 계획을 수립할 수 있다.	①	②	③	④	⑤
	2. 나는 가용자원과 공정을 고려하여 정기·수시 업무를 적정하게 배분할 수 있다.	①	②	③	④	⑤
	3. 나는 기타 시설물 유지보수에 소요되는 가용자원을 산출할 수 있다.	①	②	③	④	⑤

[경비·청소(출입통제)]

진단영역	진단문항	전혀 그렇지 않다.	그렇지 않은 편이다.	보통 이다.	다소 그런 편이다.	매우 그렇다.
인력출입 통제하기	1. 나는 경비계획과 일일근무계획, 그리고 상급자의 업무지시에 따라 당일 출입인력의 통제요소를 확인할 수 있다.	①	②	③	④	⑤
	2. 나는 상주고객의 경우 출입증이나 정해진 방법에 따라 상주고객인지의 여부를 확인할 수 있다.	①	②	③	④	⑤
	3. 나는 상주고객의 경우 출입증 미패용 시 정해진 절차에 따라 상주고객 여부를 확인하여 출입을 허용할 수 있다.	①	②	③	④	⑤
	4. 나는 방문고객의 경우 정해진 절차에 따라 방문목적과 소속, 신분을 명확히 확인하고 장부에 기재한 후 출입을 허용할 수 있다.	①	②	③	④	⑤
	5. 나는 방문고객이 방문목적이 불명확한 경우는 해당 부서와의 직접 연락을 통해 확인한 후 출입여부를 결정할 수 있다.	①	②	③	④	⑤
	6. 나는 우편, 택배 등 업무적인 방문객인 경우 정해진 절차에 따라 출입여부를 처리할 수 있다.	①	②	③	④	⑤
	7. 나는 상주 VIP 및 방문 VIP, 임원 등의 고객인 경우 정해진 의전절차에 따라 의전을 실시할 수 있다.	①	②	③	④	⑤
	8. 나는 모든 출입인력이 휴대한 휴대물품의 경우 정해진 절차에 따라 안전여부를 확인한 후 출입여부를 결정할 수 있다.	①	②	③	④	⑤
	9. 나는 출입통제 업무 시 출입자와의 다툼이 발생할 경우 즉각 상급자에 보고하고 지시에 따라 처리할 수 있다.	①	②	③	④	⑤
	10. 나는 출입통제 업무 시 발생한 이상여부는 기록하고 보관할 수 있다.	①	②	③	④	⑤

차량화물출입 통제하기	1. 나는 경비계획과 일일근무계획을 토대로 사전에 방문차량의 유형을 숙지할 수 있다.	①	②	③	④	⑤
	2. 나는 경비계획과 일일근무계획을 토대로 사전에 방문차량으로 인해 발생 가능한 위해를 확인하고 숙지할 수 있다.	①	②	③	④	⑤
	3. 나는 경비계획과 일일근무계획상의 절차에 맞추어 차량을 검색할 수 있다.	①	②	③	④	⑤
	4. 나는 차량에 적재된 물건은 차량과는 별도로 확인점검할 수 있다.	①	②	③	④	⑤

[경비·청소(경계방비)]

진 단 영 역	진 단 문 항	전혀 그렇지 않다.	그렇지 않은 편이다.	보통 이다.	다소 그런 편이다.	매우 그렇다.
경계활동 하기	1. 나는 경비계획과 일일근무계획에 따라 경비대상시설이나 경비구역의 중점경계요소를 파악할 수 있다.	①	②	③	④	⑤
	2. 나는 중점경계요소는 인적경계요소와 물적경계요소로 구분하여 운용하되, 미리 각 요소별 경계요소를 확인하고 체크리스트를 작성할 수 있다.	①	②	③	④	⑤
	3. 나는 경계업무를 수행하는 경비원 간의 책임분장과 책임구역을 명확히 설정하되, 책임구역은 상호 중복되게 설정하여 수행할 수 있다.	①	②	③	④	⑤
	4. 나는 경비초소 운용 시 적외선 관측장비나 통신장비 등을 운용할 수 있다.	①	②	③	④	⑤
	5. 나는 순찰팀이나 출입통제팀과의 협력활동을 할 수 있다.	①	②	③	④	⑤
	6. 나는 경계활동 중 경비구역 내에서 의심자를 발견한 경우 정해진 절차에 따라 질문 후 상급자나 관련기관에 신속히 보고 및 신고한 후 지시에 따라 조치할 수 있다.	①	②	③	④	⑤
	7. 나는 경계활동 중 화재나 재난상황을 발견한 경우 정해진 절차에 따라 신속히 보고 및 신고조치한 후 현장확인, 초동조치, 상황전파, 대피유도 등의 조치를 취할 수 있다.	①	②	③	④	⑤
	8. 나는 경계활동 중 예기치 못한 공격이나 침입행위가 인지되고, 긴급성을 요하는 경우 정해진 절차에 따라 선조치 후 상급자나 관련기관에 보고할 수 있다.	①	②	③	④	⑤
	9. 나는 경계활동 중 인지된 사실에 대해서는 일지에 기록하여 정리한 후 다음 근무자에 인계할 수 있다.	①	②	③	④	⑤

방비활동 하기	1. 나는 경비계획에 따라 경비대상시설이나 경비구역의 중점경계요소를 파악할 수 있다.	①	②	③	④	⑤
	2. 나는 중점경계요소의 유형 및 특성에 따라 인적경계요소와 물적경계요소로 구분하여 운용하고 각각의 특성에 맞는 방비책을 강구할 수 있다.	①	②	③	④	⑤
	3. 나는 중점경계요소 중 시각적인 감시를 요하는 장소에는 CCTV를 설치하여 운용할 수 있다.	①	②	③	④	⑤
	4. 나는 중점경계요소 중 시각적인 감시가 어렵거나 정밀한 침입감지를 요하는 장소에는 침입감지센서 등을 설치하여 운용할 수 있다.	①	②	③	④	⑤
	5. 나는 경비시설이나 구역의 어두운 지역이나 사각지대에는 보안등이나 조명시설 등을 설치하여 운용할 수 있다.	①	②	③	④	⑤
	6. 나는 경비대상시설의 정문이나 차량출입구 등 차량에 의한 직접적인 공격이나 침입이 예상되는 장소에는 바리케이드와 같은 차단시설을 설치하여 운용할 수 있다.	①	②	③	④	⑤
	7. 나는 경비대상시설이나 구역의 외곽지역에는 철조망이나 펜스, 담 등을 설치하여 운용할 수 있다.	①	②	③	④	⑤
	8. 나는 경비대상시설의 창문이나 하수구, 옥상출입문 등과 같은 외부로부터의 침입이 가능한 지역에는 방범펜스나 시건장치 등의 침입대비책을 강구할 수 있다.	①	②	③	④	⑤
	9. 나는 설치된 침입방지 또는 방호시설에 대해서는 주기적인 점검을 통하여 정상적인 기능을 유지할 수 있다.	①	②	③	④	⑤

[경비·청소(청소활동수행)]

진단영역	진단문항	전혀 그렇지 않다.	그렇지 않은 편이다.	보통 이다.	다소 그런 편이다.	매우 그렇다.
청소 준비하기	1. 나는 청소수행에 필요한 인력, 도구, 장비, 약품 표준작업 범위를 숙지하고 준비한다.	①	②	③	④	⑤
	2. 나는 청소수행에 필요한 청소범위, 청소방법, 일정, 절차를 제시한다.	①	②	③	④	⑤
	3. 나는 청소수행상 주의점 및 고려사항을 확인 후 안전도구를 착용하고 안전사고 대처에 필요한 제반 교육을 실시한다.	①	②	③	④	⑤
	4. 나는 청소계획에 의거하여 청소수행에 필요한 준비사항을 체크리스트로 확인한다.	①	②	③	④	⑤
청소활동 전개하기	1. 나는 청소계획에 따라 자원을 투입하여 청소활동을 수행한다.	①	②	③	④	⑤
	2. 나는 청소활동 수행 중 상황 변화 시 의견교환, 협의, 보완 등을 통하여 투입자원을 조정 배분한다.	①	②	③	④	⑤
	3. 나는 청소활동 수행 중 계획과 실행의 차이 발생 시 원인을 분석하여 적절한 대응책을 구축한다.	①	②	③	④	⑤
	4. 나는 청소활동 수행 중 이해관계자의 요구사항, 질문, 불평 등 다양한 반응에 효과적으로 대응한다.	①	②	③	④	⑤
청소활동 마무리하기	1. 나는 체크리스트에 의거하여 청소활동수행 결과의 고객요구 수준 충족여부를 자체 점검한다.	①	②	③	④	⑤
	2. 나는 청소활동 수행에 투입된 자원의 적정성을 평가한다.	①	②	③	④	⑤
	3. 나는 청소활동의 문제점, 개선점을 도출하여 다음 청소활동 계획에 반영한다.	①	②	③	④	⑤
	4. 나는 청소활동 과정의 전반적 상황을 문서로 작성하고 공유한다.	①	②	③	④	⑤
	5. 나는 청소활동 후 장비, 도구, 물품에 대한 세척 및 재사용 준비를 한다.	①	②	③	④	⑤

Chapter 4

평생직장이라도
문제는 생긴다

직장 안에서, 돈 때문에, 직장 밖에서

아무리 좋은 직장이라도 이 정도의 문제는 생긴다.

퇴사만이 답이라고 생각될 때, 공감과 위로를 얻자.

1.

직장 안에서 마주하는 골칫거리

◆ 8시간은 국룰

직장과 관련된 고민 없이 후련하게 퇴근하는 게 언제였던가 싶다. 작으면 작은 대로 크면 큰 대로. 퇴근길 위에서도 크고 작은 문제들이 머릿속에 피어오른다.

'내가 이 건을 보고했던가?'

'더 큰 문제로 이어질 것 같은데.'

'아, 보고서에 중요한 내용이 빠졌다!'

'이렇게 큰 사고를 치다니.'

'징계는 100%다.'

생각은 꼬리에 꼬리를 물면서 이어지고 뱀이 똬리를 틀 듯 가슴을 옥죄어 온다. 퇴근길 내내 끊지 못한 고민은 결국 집에까지 들어왔고 잠들기 직전까지 나를 흔든다. 불안감 속에서 선잠이 들면 밤새 서너 번 깨게 된다. 심하면 밤을 꼴딱 새운다.

얼마 전 업무 불안감에 시달리던 나의 모습이다. 이와 비슷한 증상을 경험하는 분이 많을 것이다. 최근에는 PESM 증후군이라는 이름으로 널리 퍼지고 있다. PESM은 정신적 과잉활동(Psychosomatic Emotional Stress Management)의 줄임말로 생각이 매우 많으면서 불안하고, 걱정이 많고, 피로도가 높고, 수면장애를 겪는 증상을 말한다. 아래의 체크리스트 7개 중 4개 이상이면 PESM 증후군을 의심할 수 있다.

1. 사소한 일에도 쉽게 예민해진다.

2. 생각이 꼬리에 꼬리를 물 듯 이어진다.

3. 무엇인가 잘못한 날에는 실수를 곱씹으며 밤을 새운다.

4. 타인의 감정에 쉽게 영향을 받는다.

5. 남의 한마디 말에 내 가치와 자격을 고민하게 된다.

6. 뭐라도 하지 않으면 조금씩 불안해진다.

7. 작은 결정에도 시간이 오래 걸린다.

7번까지 갈 필요도 없었다. 그저 업무 고민 중인 내 모습을 표현한 글이었다. 한국의 평범한 직장인은 그냥 PESM 증후군을 달고 사는 거다.

우리는 분명 하루 8시간을 제공하기로 했는데, 업무 고민에 빠지면 훨씬 많은 시간을 바치게 된다. 퇴근길, 집, 출근길까지 업무를 생각하면서 거의 24시간을 소모할 때도 있다. 절대로 있어서는 안 될 일이다.

명심하자. 하루 8시간은 국룰이다!

나라에서 법으로 명시한, 글자 그대로 나라의 규칙이다!

직장 일과 관련된 모든 것은 반드시 직장에 두고 와야 한다. 이 글은 사실 나에게 던지는 메시지다. 개인적으로 재작년은 정말 힘든 한 해였다. 하는 일마다 실수를 저질렀고 실수는 여지없이 큰 문제가 되어 나에게 돌아왔다. 문제들은 연말까지 계속 반복되었고 사건은 연이어 발생했다. 집에서도 늘 우울감에 빠져있었다. 뭘 해도 안 된다는 패배의식이 자리 잡았고 출근길이 지옥 같았다. 당장 회사를 그만둬야 할 것 같았고 그만두고 싶었다. 하루하루 시간만 지나기를 바랐다.

하지만 이러한 모든 고통은 오로지 내 머릿속에서만 벌어진 것이었다. 지나고 보니 내가 하는 일들에서 큰 실수는 없었다. 큰 문제인 것처럼 보였던 것들은 그저 업무처리 과정일 뿐이었다. 집이나 출퇴근 길에 끙끙대며 고안했던 해결책들은 실상 문제 해결에 전혀 도움이 되지 않았다. 모든 고민거리는 시간이 지나면서 자연스럽게 해결되었고 아무런 문제 없이 새해가 되었다. 지금은 회사를 그만둘 생각이 없다. 하루하루 기분 좋게 퇴근한다.

직장인이 된 지 꽤 시간이 지났음에도 쓸데없는 걱정은 불현듯 생긴다. 그럴 때면 전혀 필요치 않은 고민으로 소중한 내 시간을 낭비하고 만다. 지금은 좋다는 식으로 글을 적고 있지만 내일은 또 모를 일이다. 나만 그런 건지 인간이 원래 그런 건지, 감정을 다스리는 게 참 쉽지 않다.

혹시 지금 직장이 아닌 곳에서 직장 일을 생각하는 중인가? 제발 그만두길 바란다. 본인의 감정에도 좋지 않고 가족의 행복에도 좋지 않다. 그리고 기본적으로 일의 해결에 아무런 도움이 되지 않는다.

도저히 고민이 멈추지 않는다면 차라리 끝까지 그 하나를 고민해라. 실제로 PESM 증후군을 해소하는 방법도 딱 필요한 생각 하나만 하는 것이라고 한다. 대신, 시간 외 근무를 신청하고 직장에서 고민해라! 회사 일이니 돈을 받는 것이 당연하다!

내게도 직장 고민을 해소하는 확실한 방법은 없다. 이런 글을 쓰거나 읽으면서 마음을 다잡고 단련할 뿐이다. 책 읽기를 좋아하는 나는 직장 고민이 머릿속을 떠나지 않을 때면 책을 읽는다. 감정에 관한 책도 읽고 소설도 읽는다. 중요한 점은 책에 집중하는 것이다. 또 음악도 듣는다. K-POP과 클래식을 주로 듣는다. 중요한 것은 음악에 집중하는 것이다. 글이나 감각에 집중하면 나에게서 고민이 멀어지는 것이 느껴진다. 평온한 나로 돌아온다.

일주일 뒤면 지금 여러분의 고민은 사라진다. 1년 뒤면 여러분은 왜 그런 고민을 했는지 의아할 것이다. 5년 뒤면 무엇이 고민이었는지 고민거리 자체를 잊을 것이다. 직장 생각은 집어치우고 지금 당장 좋아하는 취미활동에 집중하길 바란다.

◆ 낀 세대

나는 술을 꽤 좋아한다. 맛있는 반찬을 보면 어울릴만한 술이 생각난다. 그래서 술자리를 딱히 피하지 않고 가끔은 회식을 기다릴 때도 있다. 그런데 이번에는 심했다는 생각이 들었다.

'송년회 공지. 12월 30일(금).'

두 눈을 의심했다. 금요일. 그것도 12월 30일에 회식을 잡다니! 심지어 1월 1일이 일요일이기에 새해맞이 공휴일도 따로 없는 연말이었다. 술기운에 해롱거리며 새해를 맞이하라는 뜻인가? 이런 날은 당연히 가족과 함께 있어야 하는 것 아닌가? 그렇다고 윗세대가 진정 우리를 가족이라 여기지는 않을 것이다.

이런 회식이 생기면 요즘의 신규직원들은 미리 교육을 받는가 싶을 만큼 재빠르게 대처한다. 회식과 관련된 모든 것에서 빠진다. 회식 메뉴냐 회식 장소에 대한 이야기가 나오면 도망치기 바쁘다. 그래도 한 해의 마무리인데 잠깐이라도 얼굴은 비출 수 있는 것 아닌가?

송년회 공지 후 참석 인원을 조사하는데 역시나 MZ세대는 모두 불참했다. 너무 많은 불참 인원을 보며 차마 불참을 말하지 못했다. 눈치 보지 않고 정확히 자신들이 원하는 것을 주장하는 후배들을 보며 못 간다고 말할까 말까 몇 번이나 고민했는지 모른다. 결국 회식에 갔다. 1차로 끝내겠다는 다짐이 내가 선택한 최선책이었다. 회식 장소의 손님들은 모두 가족이나 친구 단위였다. 어느 누구도 직장 동료로 보이지 않았다. 그런데 그 자리에서 회식 참석자가 너무 적다는 쓴소리까지 들었다. 윗사람은 그들대로 당시의 상황이 불만이었다.

그렇게 1차가 끝났고 절반 이상의 사람들이 도망치듯 나왔다. 굳은 결심 덕분인지 나도 나왔다. 2차 이후에는 1차만 하고 도망친 사람이 왜 이렇게 많냐는 쓴소리가 나왔음이 분명하다. 집에서도 그 생각으로 분통이 터졌다. 한 해의 마무리가 스트레스로 가득했다.

윗세대의 경직된 문화와 MZ세대의 개인적 문화 사이에서 매번 가치관의 혼란을 느낀다. 어느 쪽으로도 공감하지 못했다. 회식은 가되, 1차에서 도망친 나의 행동에서 확인할 수 있다. '옳고 그름은 없다. 다름이 있을 뿐이다.' 머리로는 이 말을 떠올려 보지만 몸과 마음은 왜 이렇게 불편할까?

직장생활을 꽤 했지만 변화에 대한 적응이 참 쉽지 않다. 직장도 살아있는 유기체임이 확실하다. 환경과 시대에 따라 계속 변화하고 있다. 윗세대는 큰 변화 속에서 얼마나 적응하기 어려울까? 요즘 세대는 꽉 막힌 사람들을 보며 얼마나 답답할까? 그 사이에 낀 우리는 위로 붙었다 아래로 붙었다 한다. 양쪽에 맞춰가는 중이라고 하지만, 실상은 박쥐나 다름없다.

기원전 425년, 소크라테스가 말했다. "요즘 애들은 버릇이 없다." 수천 년, 아니 수만 년 동안 토씨 하나 바꾸지 않고 그대로 쓸 수 있는 명언 중의 명언이다. 흐름과 변화는 시대와 나라를 떠나 언제 어디에서도 피할 수 없다. 사실 모든 세대는 끼어있다. 윗세대는 그들의 윗세대가 있었고 요즘 세대에게는 그들도 이해하지 못할 요즘 세대가 찾아온다. 윗세대는 불시에 찾아오는 상사에게 상다리가 부러지도록 대접했을 것이고 아랫세대는 이어폰을 넘어 헤드셋을 끼고 일하는 후배에게 하루 종일 말 한마디 못 붙일 것이다.

세대 변화에 대한 스트레스에 집중하지 말자. 문제해결에도 전혀 도움이 되지 않는다. 남자의 경우 군대를 떠올리면 이해가 쉽다. 선임이 왕처럼 군림했더라도 후임에게 그런 요구를 하는 게 옳은 일은 아니다. 결국 악습이었다는 것을 우리 모두 알고 있다.

감정에 지나치게 고통받지 않는 사람, 좋은 변화에 즐겁게 가담할 수 있는 사람으로 거듭나야 한다. '나 때는 이랬는데. 그때는 좋았는데.' 감정의 골만 깊어지는 말이다. 아이러니하게도 낀 세대인 우리는 많은 것을 잊으면서 성장해야 한다. 그런 모든 변화가 결국엔 좋은 쪽으로 향하리라 믿으면서 긍정적으로 적응하자.

◆ 이 연봉에 벤츠를?

신입사원 시절부터 자동차의 위험성에 대해 많이 들었다. 사자마자 감가상각되는 재테크의 최대 적이자, 빠져들면 헤어 나오지 못하는 돈 먹는 괴물. 그래서 일부러 거리를 뒀다.

그렇게 아이가 둘이 되는 지금까지 SM3를 탔다. 초등학생이 된 첫째 아들이 카시트에 끼어 힘들게 들어가는 걸 볼 때마다 생각했다. 이제 정말 바꿀 때가 되었다고.

연봉별 자동차 계급도를 아는가? 연봉에 따라 선택할 수 있는 자동차가 순서대로 나열되어 있다. 계급도는 조금씩 바뀌지만 기준은 명확하다. 본인의 연봉보다 훨씬 낮은 가격의 자동차를 선택해야 한다. 이미 밝혔지만 내 연봉은 7천만 원이다. 해당 기준에 맞는 적절한 차량은 쏘렌토와 카니발. 나쁘지 않다. 그런 와중에 아내가 벤츠 시승 예약을 해놨다고 가자고 했다.

시승 차량은 벤츠 GLE. 페이스리프트가 이뤄진 벤츠의 중형 SUV였다. 외관도 실내도 멋졌다. 뒤에 앉은 아들은 장식 하나하나에 재밌어했다. 변신 로봇 같은 선루프에도 눈을 떼지 못했다. 그러나 나는 전혀 좋아 보이지 않았다. 생각보다 실내도 좁고 운전도 불편했다. 괜히 삐걱거리는 것 같았다. 영업사원도 자꾸 거슬렸다. 괜히 시비를 걸고 싶었다. 그 차의 가격은 1억 2천만 원. 세금 등이 이래저래 붙으면 내 연봉의 2배가 된다.

집에 와서 곰곰이 생각을 해봤다. 지금 직장에서 벤츠를 타고 있는 선배가 있나? 부서장급에선 그랜저, 팀장급에선 소나타가 평균이다. 그보다 어린 그룹은 투싼, 아반떼다. 연봉별 차량 계급도의 신뢰성이 급격히 올라갔다. 모두 이 계급도를 본 것인가? 공공기관 연봉의 안타까운 현실에 고개를 떨궜다.

하나의 사례일 뿐이지만 직장인은 새로운 시도에 무작정 겁을 내기 마련이다. 내 소득이 이러한데, 내 상황이 이러한데, 회사 사람들은 이러한데, 혹시라도 무슨 문제가 생기지 않을까? 걱정 속에서 대부분 시도조차 하지 않는다. 각자의 사정도 분명 있을 것이다. **하지만 그 사정에 직장인이라는 자신의 위치를 제약으로 넣지는 말아야 한다.**

몇 년 전 육아휴직을 쓸 때 내 나이 또래의 남자는 단 한 명도 쓴 이력이 없었다. 찍히지 않을까? 승진에 불이익이 있지 않을까? 생활비는 감당이 될까? 선택을 방해하는 이유는 끝없이 만들 수 있었지만, 눈 질끈 감고 육아휴직을 썼다. 그러자 놀라운 세상과 경험이 펼쳐졌고 아이와의 교감은 평생토록 나에게 감동을 주고 있다. 최근에는 젊은 남자 직원들의 육아휴직이 줄을 잇고 있다.

뇌를 깨우기에는 지금도 늦지 않았다. 벤츠를 보러 가자고 한 아내에게 감사하다. 대기업 출신으로서 앞장서서 틀을 깨고 싶다. 보이지 않는, 아니 뻔히 보이는 연봉별 자동차 계급을 깨부수고 싶다. 부담감을 넘어서고 싶다. 나에게 긍정적인 변화를 일으키고 싶다.

그렇게 신형 벤츠 E클래스를 출고했다. 도저히 GLE까지는 선택할 수 없지만 SM3에 비한다면 충분히 만족스러운 차다. 재테크와 관련한 모든 면에서 불합리한 선택이었지만 일상의 기분 좋은 변화를 느끼고 있다. 삶이 정체되고 답답하다고 느끼는가? 평소라면 선택하지 않을 무언가를 저질러야 한다.

당장 알아보자. 지금 보고 있는 이 책도 나에게 아주 큰 도전이고 변화이다. 나는 이 책을 통해 내가 늘 꿈꿨던 작가가 될 것이다. 출간된 내 책을 나의 아이들과 같이 볼 것이다. 한순간도 그렇게 되지 않으리라 생각한 적이 없다. 계속해서 새로운 것을 시도하고 좋은 것도 경험하자. 직장인이라고 스스로 제한을 두지 말자. 이 분야에서는 대기업이냐 공공기관이냐 따지지 말자. 시간 금방 간다. 저질러라!

2.

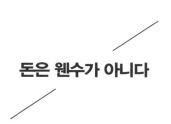

돈은 웬수가 아니다

◆ 1억의 힘

자아실현이니 뭐니 덧붙일 수 있지만 직장을 다니는 첫 번째 이유는 결국 돈이다. 그러나 월급은 언제나 부족하다. 그렇게 거의 모든 직장인은 재테크에 관심을 가진다. 유튜브가 활성화된 이후 그 관심은 더욱 커졌다.

재테크에 대한 글이나 영상을 접하다 보면 1억에 대한 이야기가 참 많다. 어떻게든 시드머니 1억을 먼저 모으라고 한다. 마치 1억이 생기면 그 뒤의 멋진 세상이 펼쳐지는 것처럼 설명한다. 웬걸. 겪어보니 거짓이 아니었다. 1억은 아주 강한 힘이 있었다.

SK 연수 때 돈에 대한 강의가 하나 있었다. 강사가 누구였는지, 강의 내용이 무엇인지는 기억나지 않지만 1억에 대한 이야기는 잊히지 않는다.

"교육장에 오는 길에 부동산과 통화했습니다. 강원도에 있는 아파트를 하나 사는 건데요. 선금을 많이 줄 테니 매매가를 낮춰달라고 했습니다. 당장 1억을 줄 테니 1천만 원 깎아달라고 했죠. 그리고 그렇게 하기로 했습니다. 여러분! 전화 한 통화로 1천만 원을 번 겁니다. 현금 1억은 이렇게나 힘이 있습니다!"

세부적인 내용은 다를 수 있어도 이때 강사의 환희에 찬 표정과 1억에 대한 예찬론은 확실히 기억한다. 다른 동기들은 어떻게 받아들였을지 모르지만 내게는 1억이란 목표 의식을 잡게 해 주는 멋진 강의였다. 막연하지만, 일단 1억을 모으겠다고 다짐했다. 소중히 여기는 노트에 기록하고 늘 품에 안고 다녔다.

대기업은 확실히 돈을 많이 준다. 차를 사고 연애를 하고 매년 해외여행을 다녀와도 돈을 모을 수 있었다. 성과급이 나오는 달에는 계좌가 빵빵해지는 게 느껴졌다. 하지만 1억이라는 돈은 너무나도 높은 산이었다. 차곡차곡 쌓는 걸로는 오르지 못한다고 생각될 만큼 큰돈이었다. 혹시 한 달에 100만 원 이상 저축하고 있는가? 1억을 모으기 위해 한 달에 100만 원씩 저축하면 약 8년이 걸린다. 매스컴에서 듣는 돈의 단위가 워낙 커지고 억이란 단어가 익숙할 뿐, 모은다는 마음으로 보면 아주 큰 금액이다.

자산이 계속 늘어가기는 했지만 희한하게 1억이란 고지는 달성하기 어려웠다. 꽤 모았다고 뿌듯해하면 생각지 못했던 큰 단위의 돈이 빠져나갔다. 사실 7천만 원도 큰돈이고 8천만 원도 큰돈이다. 1억이란 확실한 목표 의식이 없었다면 그 정도 수준에서 만족했을 것이다. **1억에 가까운 돈이 아니라 정확히 1억을 넘어서기 위해 계속 내달렸다.** 산술적으로 계산도 참 많이 했다. 저축은 얼마나 해야 하는지, 노는 건 어떻게 해야 하는지, 용돈을 얼마나 드릴지 등 다양한 상황을 고민했다. 그리고 예금, 적금, 청약통장 등 자산 현황을 매월 업데이트했다. 자주 보지 못해도 한 달에 한 번은 꼭 정리했다. 자산이 증가하는 것을 체크하는 것만으로도 힘이 생겼다. 숫자를 눈으로 보는 게 중요했다.

결국 1억을 달성한 날이 기억난다. 누가 물어봤을 때 "그럭저럭 1억은 모았다."라고 말할 수 있게 된 그날, 직장인으로서 목표 하나를 이뤘다는 생각이 들었다. 그 숫자를 사람들에게 말하고 싶었고 보여주고 싶었다. 성취감이 내 안 가득 자리 잡았다. 직장에도 감사하는 마음이 생겼다. 그 1억은 이후 펼쳐지는 내 삶 전체의 마중물이 되었다.

현재의 직장에서 어떻게든 1억을 모아보자. 달성까지의 시간보다 달성의 유무가 훨씬 중요하다. 1억은 노력 없이 이룰 수 없는 아주 높은 숫자이다. 대기업에서 십수 년 동안 근무했음에도 1억을 모으지 못하는 사람들도 많다. 반면, 공공기관처럼 적은 급여를 받더라도 투자나 부업을 통해 돈을 빠르게 모아가는 사람들도 많다. 1억을 모으지 못한 사람은 이런저런 이유가 먼저 떠오를 것이다. 하지만 세상 모든 일엔 각자의 사정이 있고, 성공한 모든 이들은 사정을 극복한 사람들이다.

김승호 회장의 『돈의 속성』이라는 책을 강력 추천한다. 내가 본 경제/경영 서적 중 단연 최고라고 생각한다. 그 책에는 '마중물과 종잣돈 1억 만들기의 다섯 가지 규칙'이란 장이 있다. 다섯 가지의 규칙은 다음과 같다.

첫째, 1억 원을 모으겠다고 마음먹는다.

둘째, 1억 원을 모으겠다고 책상 앞에 써 붙인다.

셋째, 신용카드를 잘라 버린다.

넷째, 통장을 용도에 따라 몇 개로 나누어 만든다.

다섯째, 1,000만 원을 먼저 만든다.

놀랍게도 셋째를 제외하면 모두 내가 실천한 규칙이다. 김승호 회장처럼 큰 부자도 이런 작은 원칙을 실천하는 것부터 시작이라고 말한다.

'일정하게 들어오는 돈의 힘'이란 장에서는 월급의 강력함을 느낄 수 있다. 비정기적으로 생기는 큰돈보다 작더라도 정기적인 돈이 훨씬 강력하다. **일정하게 들어오는 수입은 질이 좋고, 질이 좋은 돈은 다른 돈을 잘 불러 모은다고 말한다. 월급쟁이에게 이보다 큰 응원은 없다.**

1억을 모았던 나도 아직 큰 부를 일구지는 못했다. 하지만 자신감은 있다. 나는 1억을 모을 수 있는 사람이고 그 정도의 손실도 감당해 낼 수 있는 사람이라는 자신감은 내 곁에서 평생 나를 도와줄 것이다. 예측 가능하고, 정기적이고, 질이 좋은 돈을 매월 통장에 쏴주는 직장에 감사를 표하자.

◆ 파이어족의 소멸

"30억! 순자산 30억이면 경제활동을 그만두겠다."

두 번째 직장에 들어가면서부터 내가 입버릇처럼 하는 말이다.

가수 박진영이 오래전 인터뷰에서 했던 말이 시작이었다. 그는 가수 생활을 시작하며 20억 원을 목표로 정했다고 했다. 자신이 죽을 때까지 필요한 돈이 그 정도며, 목표를 달성하면 자기가 하고 싶은 일을 하며 살겠다는 뜻이었다. 박진영은 그렇게 다짐하고 25살에 목표한 돈을 벌었다. 정말 대단한 사람이다.

그 일화에 자극을 받아 나도 생각을 해 보았다. 결혼을 해서 두 아이를 낳고 4인 가족으로 살아간다면 얼마나 필요할까. 식비, 학비, 주거비, 자녀 출가 등을 생각해서 도출한 금액은 30억 원이었다. 30억 원이 있으면 더 이상 경제활동을 하지 않아도 내가 원하는 수준의 생활을 할 수 있을 것 같았다. 그 목표가 달성되었을 때 뒤도 보지 않고 직장을 벗어나리라 다짐했다.

경제적 자유라는 개념은 2020년 코로나를 맞이하면서 급격하게 증가했다. 전 세계에 어마어마한 유동성이 풀리며 모든 자산의 가치가 급등했다. 실상은 화폐가치가 떨어진 것이었지만, 어찌 됐든 부동산, 코인, 주식 등 재테크를 통해 너도나도 파이어(FIRE)를 외쳤다. 파이어는 'Finance Independence Retire Early'의 준말로, 젊은 나이에 경제적 자유를 누리는 것을 의미한다. 재테크 커뮤니티에서는 졸업이라는 용어도 많이 사용했다. 내 주변에도 졸업을 선언한 사람이 있었다. 코인으로 100억 원대 부자가 된 그 사람은 아주 깔끔하게 졸업을 했다. 하지만 나를 포함해 그에게 자극받아 뒤따라간 사람들은 모두 큰 손실을 봤다. 그 손실액을 합하면 100억 원이 될지도 모르겠다고 생각했다.

자산 가치 급등 시기에는 나도 자신감이 넘쳤다. 거주 중인 아파트의 가격은 급등했고 해외주식도 폭등했다. 당시 육아휴직 중이었는데 근무하는 것보다 훨씬 많은 돈을 벌고 있었다. 이런 식으로 파이어까지 가보자고 생각했다. 10년 안에 30억 원이 되지 않을까도 생각했다. 그러나 이후 2년 만에 모든 것은 사라졌다.

아파트는 산 가격 이하로 떨어졌고 해외주식은 손실을 안은 채 수량도 점점 줄어만 갔다. 코인은 진작 박살이 나서 −90%였다. 복직을 하고 다시 월급을 받기 시작했지만 자산은 실시간으로 녹아내렸다. 기대했던 두 번째 육아휴직도 무기한 연기되었다. 오히려 연차도 줄여야 할 판이었다. 일을 하지 않으면 카드 대금과 주택담보대출 원리금이 감당이 되지 않았다.

3년 전에는 불과 5억 원이나 10억 원의 자산으로 파이어를 선언한 사람도 많이 있었다. 그들은 과연 안정적인 삶을 살고 있을까. 그 사이 물가는 올랐고 실물자산의 가치는 떨어졌다. 정확히는 몰라도 상당히 불안한 삶을 살고 있을 것이다. 이미 재취업한 사람도 많을 것이다. 온라인에도 오프라인에도 소멸해 버린 파이어족들을 보며 많은 것을 느꼈다.

나도 직장인으로서 당연히 직장 욕을 많이 하고 산다. 직장은 우리가 창출한 수익에서 자신의 이득을 크게 떼어놓은 채 우리에게 돌려준다. 태생이 착취하는 존재이다. 하지만 삶의 안정을 부여해 주는 것도 분명한 사실이다. **직장이란 조직의 톱니바퀴가 되는 순간, 자유를 잃고 안정을 얻는다.** 지금 같은 경제 위기 상황에선 안정이 중요하다. 자유를 선언했던 수많은 사람들이 다시 근로 전선에 뛰어들고 있다.

30억 원의 목표는 바뀌지 않았다. 첫 다짐 이후 10년이 지났지만 목표가 상향되거나 하락하지 않았다. 내 상황에서는 꽤나 적절한 금액을 설정한 것 같다. 그리고 반드시 달성하리라 믿는다. 그 목표 달성을 위해 직장인이란 지금 나의 위치가 상당히 중요하다는 것을 깨달았다. 코로나 시절, 나도 사업을 해보고 싶어 카페를 알아본 적이 있었다. 자리도 좋고 매출도 높아 인수를 고려하며 여러 번 방문했던 카페가 있었는데, 코로나 기간 중 결국 문을 닫았다. 만약 그때 함께 방문했던 부동산 중개인에게 보증금을 지급했다면 어떻게 되었을까? 가족의 안정을 걱정하며 많은 고민과 고통을 겪었을 것이다. 아마 브런치 작가도 되지 못했고 이 글도 쓰지 못했을 것이다.

파이어나 졸업을 외치며 사표를 던지기 전에 꼭 한번 스스로를 돌아보자. 퇴사는 수백, 수천 가지의 시도 후에도 언제든지 선택할 수 있다.

하지만 명심해라!

퇴사는 한 직장에서 단 한 번만 사용할 수 있는 수다.

◆ 직장인의 큰 기회

앞의 이야기는 결국 직장인에게 기회가 왔다는 의미로 이어진다. 그것도 아주 큰 기회이다.

최근 몇 년, 자산의 폭등과 폭락을 우리 모두 경험했다. 폭등의 시기에는 나도 경제적 자유를 꿈꾸며 스스로에게 늘 칭찬을 했다.

'경영학도라면 부의 흐름으로 돈을 버는 거다!'
'그래, 내가 배운 걸 이렇게 써먹는구나.'
'재테크의 기술은 이미 내 몸속에 내재해 있었던 거다!'

내가 산 아파트는 고맙게도 오를 만큼 올라 주었다. 주식도 '가즈아'를 부르짖었다. 내가 이사 가고 싶던 다른 아파트는 그보다 더욱 올랐지만 우리 집도 꿀리지 않는다고 속으로 외쳤다. 조금만 더 버티면 졸업이 있을 것 같았다.

하지만 행복했던 폭등의 2년이 지나가고 폭락의 2년이 시작되자 우리 집이 제일 먼저 폭락했다. 주식도 코인도 모든 것이 초기화되었다. 경제적 자유를 외치던 경영학도는 다시 쭈구리 직장인이 되었다. 일장춘몽이 여기 있었다.

그럼에도 불구하고 분명한 희망을 찾을 수 있었다. 오름과 내림은 언제나 되풀이된다는 것이다. 그리고 그런 흐름과 관계없이 우리는 꾸준히 소득을 얻고 있으며, 심지어 조금씩 오르기까지 한다. 결국 자산 가격이 내린다는 것은 직장인에게 큰 기회라는 말이다.

비관론은 항상 힘이 좋다. 비관론을 말하는 사람들이 하는 말은 어째선지 더 논리적으로 들린다. 그러나 조금씩 긍정론이 고개를 들고 있다. 자산 상승 신호도 나오고 금리인하로 투자에 좋은 시기가 온다는 뉴스도 자주 나온다.

나는 장기적인 우상향의 힘을 믿고 얼마 전 교육에 더 좋다는 곳으로 이사했다. 작년부터 다시 모은 해외주식은 몇 달 치 월급보다 많은 상승을 보였다. 최근에는 비트코인도 폭등했다. 긍정적으로 보자면 한없이 좋은 상황이다.

원하는 것이 있다면 지금의 시장을 예의주시하자. 재무제표에 밝다면 주식을, 실거주가 중요하다면 부동산에 관심을 가져보자. 직장인인 자신의 힘을 믿고 한번 도전해 볼만한 상황이 온 것이다.

만약 이번에도 기회를 놓친다면? 걱정하지 마라. **여러분이 직장을 때려치우지 않는 한 기회는 다시 찾아온다.** 직장인으로 열심히 살아온 우리의 노력이 빛을 발할 때가 반드시 올 것이다.

3.

직장 밖도 손 놓을 순 없다

◆ 맞벌이 육아(feat. 연장전)

첫째 아들이 7살, 둘째 딸은 4살 되었을 때의 일이다. 그때까지 우리 아이들은 한 번도 집에 혼자 있던 적이 없었다. 아내와 내가 돌아가며 육아휴직을 사용했기 때문이다. 유치원이나 어린이집도 일찍 끝나는 곳을 다녀서 아이들과 함께 있는 시간이 정말 많았다. 그때는 할 만하다고 생각했다.

하지만 이제 상황은 180도 달라졌다. 아이들에게 미안하지만, 아침부터 밤까지 모든 것이 급박하게 돌아가고 있다. 아내가 복직을 했고 맞벌이를 시작하면서 우리 가족의 일상이 완전히 변했다. 그리고 지금까지의 육아는 사실 '꿀'이었다는 것을 절실히 깨닫게 되었다.

당장 유치원이 문제였다. 전에는 부모 초청 행사도 많고 가정에서 보내는 시간도 중요시하는 좋은 유치원이라고 생각했다. 그러나 맞벌이를 시작하니 모든 것이 반대로 보였다. 왜 이렇게 행사가 많고 방학이 긴지 이해할 수 없었다. 봄방학이 한 달, 여름방학과 겨울방학까지 합치면 거의 넉 달을 운영하지 않았다. 이게 말이 되냐고 따지고 싶을 정도였다.

그리고 희한하게도 유치원이나 어린이집의 등 · 하원 시간은 출퇴근 시간과 조금씩 어긋났다. 이래저래 맞춰보려고 노력했지만, 누군가의 도움 없이는 불가능한 일이었다. 어쩔 수 없이 단축근무를 사용하게 되었다. 그래서 소득은 줄고 직장 일은 더 바빠졌다.

아이들이 아플 때는 또 어떤가. 상상만 해도 아찔하다. 아이가 아프다는 연락을 받으면 모든 것이 조급해졌다. 아이도 걱정되고 일도 걱정되고 내 정신 상태도 걱정됐다. 독감처럼 유행성 질병에 걸리면 꼼짝없이 며칠간 휴가를 써야 했다. 아프다는 아이가 집에서는 또 왜 이렇게 난리를 칠까? 하루 종일 집안은 난장판이 됐다. 아이들의 컨디션이 나빠도 걱정, 좋아도 걱정이다.

맞벌이 육아를 하는 사람들은 정말 대단하다고 생각한다. 이 정도면 신의 영역에 가까운 일이다. 아침부터 밤까지 그야말로 전쟁 같은 날들이 펼쳐진다. 어떻게든 아이들을 일찍 재우고 나도 일찍 자야 한다. 다음날 등교와 등원 준비가 늦지 않을까 하는 압박감도 크다. 맞벌이하면서 첫째를 키웠다면 둘째는 낳지 못했으리라는 생각까지 들 정도다.

우리나라의 경제 구조상 외벌이 생활이 쉽지 않은 가정이 많다. 급여에 비해 집값과 물가가 너무 가파르게 올랐다. 혼자 벌어서 서너 사람을 먹여 살리는 건 불가능에 가깝다. 반면, 가족의 크기는 줄어서 부모님에게 도움을 받기 어려운 경우가 많다. 요즘엔 부모의 도움을 받지 못하는 초보 부모에게 '육아독립군'이라는 말을 쓴다. 이 표현이 정말 적절하다.

출산율 0.6명 시대. 세대가 지나면 인구는 3분의 1로 줄어든다. 전 세계의 인구학자들이 한국에 집중하고 있다는 사실이 가슴 아프다. 소멸해 가는 한국을 보며 아이를 낳아야 한다고 말하고 싶지만, 그만큼 힘든 현실을 알기에 주변에 쉽게 말하지 못한다.

직장인이라는 우리의 위치는 참 많은 것을 요구받는다. **일만 해도 지치는데 육아에도 전력을 다해야 한다.** 직장에서 전반전, 후반전을 뛰고 집에 돌아오면 연장전을 뛰는 셈이다. 도움받을 곳 없는 맞벌이 육아독립군은 이 세상 누구보다 열심히 살아야 한다. 직장과 육아, 두 가지를 병행하기 참 어려운 만큼 둘 중 하나를 포기하는 사람들도 쉽게 만날 수 있다. 충분히 이해가 된다.

하지만 이 둘의 균형을 잘 찾아 열심히 살아가면 유리해지는 부분도 분명히 있다. 그중 가장 중요한 것은 '가정생활'에 훨씬 더 집중할 수 있다는 점이다.

개인 사업자인 한 친구는 가족과의 시간이 훨씬 적다고 말한다. 일하는 시간과 소득이 들쭉날쭉하기에 온전히 가족에게 집중하지 못하는 때가 많다. 휴가를 가서도 사업 걱정이 끊이지 않는다. 반면, 직장인인 나는 퇴근과 동시에 온전히 남편과 아빠의 역할에 집중할 수 있다. 중요한 행사나 참여하고 싶은 활동이 있을 때는 부담 없이 휴가를 사용한다. 행사마다 아빠를 찾고, 나를 보며 환하게 웃는 아이들을 보면 세상 근심이 모두 사라진다.

또한 규칙적이고 안정적인 삶을 보여주며 아이들도 자신의 생활에 더 잘 적응해 가는 것을 느낄 수 있다. 자녀 돌봄에 대한 제도나 직장 내 육아 지원 제도도 좋아져서 직장 시간이 끝난 후 저녁 시간을 온전히 가족과 함께 보낼 수 있는 날들이 많아졌다.

때 묻지 않고 밝게 커가는 아이들의 모습을 보면 세상 근심이 모두 사라진다. 몸은 고생스럽지만 집에 있을 때는 정말 웃음이 끊이지 않는다. 지금의 행복이 너무나도 소중하다.

　나는 맞벌이를 하면서 우리 가정의 행복을 계속 이어가 보겠다. 필요할 때 또 육아휴직을 사용하려면 경제 상황도 좋게 만들어야 한다. 목표로 삼고 있는 일들이 성취되기를 바라며, 그만큼 더 노력하고 있다. 모든 것은 내가 원하는 것이고 이를 위해 직장인이라는 자리는 나에게 반드시 필요하다.

　맞벌이를 떠나, 나보다 훨씬 어려운 육아를 하고 있는 가정들이 많다. 정말 무조건 존경한다. 가정과 사회에서 이미 슈퍼히어로가 된, 육아를 하는 모든 분들의 가정에 행운과 행복이 깃들기를 간절히 바란다.

◆ 남들은 월급쟁이라 해도

　너무 많은 매체에서 직장인을 무시하고 있다. 요즘은 직장에서 겪는 자존감 하락보다 글과 영상에서 접하는 자존감 하락이 훨씬 많다.

　열심히 해보자는 마음으로 시작한 글쓰기 플랫폼 브런치스토리에서도 매일매일 접한다. 노예의 삶, 노예 집합소, 퇴사를 해야 하는 이유, 자유를 찾아야 하는 이유 등등.

　월급쟁이의 삶은 왜 이렇게 무시를 받을까. 월급쟁이는 무시해도 되는 존재일까.

　기본적으로 '월급쟁이'라는 용어의 뜻은 '월급을 받는 사람을 낮잡아부르는 말'이다. 직장은 태생부터 착취하는 존재이다. 내가 제공하는 것 이상을 절대 주지 않는다. 직원들이 창출한 가치에서 직장 몫을 떼어내고 돌려준다. 수십 년간 성장한 회사의 크기에 비해 월급은 별로 증가하지 않았다. 그렇게 월급쟁이들은 점차 단어에 어울리는 존재가 되었다.

　이런 상황 속에서 수많은 사람이 퇴사를 외친다. 대기업이냐 공공기관이냐를 가리지 않는다. 퇴사를 해야 하는 수십, 수백 개의 이유를 쉽게 만들 수 있다. 틀린 말은 없다. 월급쟁이는 진정 현대판 노예인가? 용기가 없어서 퇴사를 못 하는가? 그들은 결국 실패자인가?

절대 그렇지 않다!

월급쟁이들은 기본적으로 합격자이다. 자본주의 사회에서 돈을 벌고 안정적인 삶을 영위해 간다는 것만으로 그들은 모두 치열하게 살아온 사람들이다. 밑바닥에서 시작했다면 더욱 그렇다. 지금의 자리는 용감하게 세상에 도전한 결과인 것이다. 최선을 다하지 않았을 수도 있고 선택에 후회가 있을 수도 있다. 하지만 지금 이 순간, 당당히 역할을 수행하고 있지 않은가. 지금까지의 용기와 노력을 깎아내리지 마라.

직장인은 직장을 이용하면 된다. 삶의 근본적인 목적이 있고 목적에 도달하기 위한 구체적인 목표도 있다. 지난 글에서도 밝혔지만 나의 경제적인 목표는 30억이다. 지금 직장은 30억을 달성하기 위한 방법 중의 하나로 이용하고 있는 것이다. 안정적인 급여를 통해 가족의 성장과 행복을 지원하고 있고 베스트셀러 작가라는 스스로의 꿈에도 한 걸음씩 나아가고 있다. 내가 원하는 삶과 행복은 지금의 직장생활 속에서도 얼마든지 달성할 수 있다. 월급쟁이라고 목표나 꿈도 없이 맹목적으로 출퇴근하는 사람이 아니다. 월급쟁이는 인생을 설계할 수 없다고 단언하지 마라.

행복의 기준은 내가 정한다. 부모님, 처자식과 함께 행복한 시간을 만들어가는 지금이 내가 가장 꿈꾸는 순간 중의 하나이다. 난 그런 순간이 가능한 한 끊이지 않고 길게 이어지기를 바란다. 가능한 한 빨리 돈을 벌고, 가능한 한 젊은 나이에 좋은 집과 차에서 떵떵거리는 삶을 얻고자 지금의 행복을 포기할 마음은 전혀 없다. 나는 매 순간 최대한의 행복을 누리면서 조금씩 성장하고 싶다. 그런 면에서 나는 성공한 사람이다.

이 땅의 모든 월급쟁이들이 어깨를 폈으면 좋겠다. 우리는 열심히 살았기에 이 자리에 있고 나와 가족, 더 크게는 모든 공동체의 발전에 충분히 이바지하고 있다. 우리는 궁극적인 목적을 위해 지금의 직장을 이용하고 있고 우리가 정한 때에 맞춰 더 큰 발자국을 디딜 것이다. 우리는 현재의 삶에서 충분히 행복을 누릴 수 있고 미래의 큰 꿈도 갖고 있다. 그리고 그 꿈을 위해 노력하며 발전하고 있다. 앞으로는 절대로 월급쟁이를 무시하지 마라!

선택을 앞둔 당신께

우선 축하와 감사의 인사를 드리고 싶다. 이 책에 관심을 갖고 지금의 챕터를 보고 있는 여러분은 이미 이 사회가 반드시 필요로 하는 구성원이자 훌륭하게 성장한 진짜 성인이다. 건강하고 활기찬 사회를 만드는 데 힘써주어서 정말 감사하다.

선택이란 쉽지 않고 때론 피하고 싶은 영역이다. 특히 한국 사회의 학창 시절은 어느 정도 정형화된 길이 있기 때문에 중요한 문제에도 본인이 직접 선택하지 않는 경우가 많다. 그런 사회 속에서 나처럼 수동적인 아이가 양산되고 있다.

하지만 이 책을 읽은 여러분은 선택의 중요성을 이미 알고 있고 그에 대한 조언을 찾고자 노력하고 있다. 이미 저자보다 훨씬 나은 사람이다. 분명히 좋은 방향으로 성장할 것이다.

여러분이 마주한 선택의 상황은 인생에 있어 굉장히 중요한 기로가 맞다. 대기업이냐 공공기관이냐, 어떤 업종, 어떤 직무를 선택하느냐에 따라 삶의 방향은 크게 달라진다. 선택의 결과는 남들과 비교하고 싶지 않아도 자연스럽게 보고 듣게 된다. 특히 SNS가 활발한 지금은 훨씬 더 복잡한 마음이 생길 것이다.

그러나 빠르고 정확하게 답을 찾아야 한다며 스스로를 몰아갈 필요는 없다. 선택하는 삶이 이제 막 시작되었을 뿐이다. '먹어본 놈이 고기 맛을 안다'는 말처럼 선택도 여러 번 해본 사람이 그 뒤에 펼쳐질 상황을 추측할 수 있고, 어떤 선택이 자신에게 만족을 줄지 더 정확하게 판단할 수 있다. 어려서부터 주체적으로 살아왔다면 빠르게 답을 찾겠지만, 나처럼 수동적으로 살아왔으면 시간이 조금 더 걸릴 수 있다. 그래도 괜찮다. 지금부터 진정한 나를 찾아가면 된다. 앞으로의 인생은 여러분의 생각보다 훨씬 길다.

그 여정에 NCS를 반드시 활용하라. NCS는 미래의 일과 진정한 나를 함께 그려보기에 매우 적합한 도구이며 그러한 목적으로 만들어졌다. 막연하게 상상하지 말고 NCS를 활용해 구체적으로 그려라. NCS 의 존재 이유는 여러분이 더 즐길 수 있는 일과 여러분이 더 행복하게 살 수 있는 삶을 잘 선택하기 위함이다. 고마운 마음을 담아 품 안에 꼭 안고 가라. 꿈꾸던 나의 일은 그곳에 있다.

두려워하지 않아도 된다. 확신을 갖고 말할 수 있는 건 어떤 선택을 하더라도 반드시 얻는 것이 있다는 점이다. 시작부터 자기에게 딱 맞는 기업을 선택할 수도 있고 나처럼 빙빙 돌아다닌 후에 정착할 수도 있다. 혹은 직장인의 삶이 아닌 다른 그 무언가를 향해 나아갈 수도 있다.

대기업과 공공기관에서 여러 번 이직하면서 내 선택이 참 한심하다고 느낀 적이 많았다. 젊은 날의 소중한 시간들이 잘못된 선택으로 빙빙 돌아가고 있다고 생각했다. 재취업을 준비하며 남몰래 눈물 흘린 적도 있었다. 어느 곳에도 적응하지 못하고 영원히 낭인처럼 살지 않을까 걱정하기도 했다.

그런데 이 책을 집필하면서 내 직장생활을 돌이켜보니, 이 모든 것은 그저 과정이었다. 모든 직장, 모든 순간에서 배움이 있었고 나란 존재는 조금씩 더 나다운 사람이 되어가고 있었다. 지금의 내 모습은 26살, 첫 직장의 선택을 앞둔 수동적인 내가 상상했던 것보다 훨씬 더 멋지다. NCS를 배우고 명확한 목표를 가진 이후로는 더 멋진 방향으로 나다운 사람이 되어가고 있다.

여러분의 선택에 조금이라도 도움이 되기를 바라며 이 책을 썼다.

내가 어떤 일을 좋아하지? 직장에 왜 들어가야 하지? 대기업은 어떻지? 공공기관은 어떻지? 왜 계속 이직을 하고 싶지? 나에게 맞는 평생직장이 과연 있을까? 중요하지만 추상적이기만 했던 질문의 답을 찾는 과정에서 지금의 책이 큰 도움이 되었으리라 믿는다.